学法，
无尽的追问

李雪梅　主编

四川大学出版社

图书在版编目（CIP）数据

学法，无尽的追问 / 李雪梅主编． — 成都：四川大学出版社，2023.9
　　ISBN 978-7-5690-6375-2

Ⅰ．①学⋯ Ⅱ．①李⋯ Ⅲ．①小学生－学习方法 Ⅳ．① G622.46

中国国家版本馆 CIP 数据核字（2023）第 188028 号

书　　名：	学法，无尽的追问
	Xuefa, Wujin de Zhuiwen
主　　编：	李雪梅

选题策划：	唐　飞　孙滨蓉
责任编辑：	唐　飞
责任校对：	孙滨蓉
装帧设计：	墨创文化
责任印制：	王　炜

出版发行：	四川大学出版社有限责任公司
地址：	成都市一环路南一段24号（610065）
电话：	（028）85408311（发行部）、85400276（总编室）
电子邮箱：	scupress@vip.163.com
网址：	https://press.scu.edu.cn
印前制作：	四川胜翔数码印务设计有限公司
印刷装订：	成都金阳印务有限责任公司

成品尺寸：	155mm×225mm
印　　张：	16.25
字　　数：	226千字

版　　次：	2023年10月 第1版
印　　次：	2023年10月 第1次印刷
定　　价：	66.00元

本社图书如有印装质量问题，请联系发行部调换

版权所有 ◆ 侵权必究

扫码获取数字资源

四川大学出版社
微信公众号

前言

学法是什么？是学生读书的方法、思维的方法、迁移的方法、追问的方法。学法与教学法是部分与整体的关系，即教学法 = 教法 + 学法。一般来说，教法与学法是不可分割的，二者并存于教学过程中。

教法与学法虽然是并存的关系，但国内外教育界研究教法的甚多，研究学法的甚少。所以，《学法，无尽的追问》这本书偏重于学生学习方法的研究，以求教中授法，学中得法。

从教育的历史看，孔子有"敏而好学，不耻下问""学而不思则罔，思而不学则殆"等关于学法的论述；韩愈将学法总结为："业精于勤，荒于嬉；行成于思，毁于随"；朱熹心中的学法是"读书有三到，谓心到、眼到、口到""读书无疑者，须教有疑，有疑者，却要无疑，到这里方是长进"。我提出的"学法，无尽的追问"，它既是一种学习的路径，也是一种创新学习的有效方法。

《学法，无尽的追问》这本书，是教师课堂教学的鲜活记忆，也是在学法研究中总结与提炼出的最新成果，更是一批青年教师对教育不断探索与追求的缩影！

重庆市渝中区大坪小学校长　李雪梅

2023 年 6 月

目录

浅析小学语文阅读中的猜词学习法……………… 1
片段写作是提高学生习作水平的好方法………… 5
小学中段语文"问题情境学习法"………………… 10
小学数学"解决问题"的三种学习方法…………… 14
让学生在"学法"中站立起来
　　——以7的乘法口诀为例……………………… 19
观察学习法与美术课学习中的视觉形象………… 24
浅谈激发小学生信息技术学习兴趣的方法……… 29
观察学习法是美术课堂中的眼睛………………… 34
合作学习：单丝不成线，多木才成林…………… 39
"练玩学习法"，怡情强身………………………… 42
小学体育学法研究………………………………… 46
词曲表意学习法在小学音乐课堂中的运用……… 49
小学音乐课堂的学法指导………………………… 53
浅谈图式法在小学低段数学学习中的应用……… 56
小学语文低段识字法探析………………………… 62

小学低段散文学法探究…………………………………… 67

小学中段语文概括文章主要内容的学法指导…………… 72

自主提问学习法在语文课中的新范式…………………… 77

建构学习方法，提高学生学习力………………………… 81

小学数学植树问题课堂教学学法指导
　　——以"两端都栽"为例………………………… 85

在美术课归纳学习法中发展出学习"线表现力"的三种方法
　　……………………………………………………… 91

小学信息课运用"任务驱动"学习法，可使学生脑洞大开…… 100

用联想表意的方法，能创作出其义自现的画作………… 104

"兴趣导学法"是小学体育课堂的原动力……………… 109

体育课"学习方法"重构，培养学生持续的学习力…… 112

体育学习模式的创新……………………………………… 116

"五法"并举，以美育人………………………………… 119

小学音乐课堂中的歌唱学习法…………………………… 123

小学一年级数学中的摆小棒学习法……………………… 126

小学低段道德与法治课学法探析………………………… 130

巧抓反复，学习童话……………………………………… 134

浅谈作文细节描写的方法………………………………… 139

散文类课文有效预习方法的研究………………………… 144

把数学"说"出来………………………………………… 149

注重"口算乘法"学法，提升学生综合素养…………… 154

小学低段美术课绘画装饰学习法………………………… 159

微课在小学信息技术课堂中的应用及实践……………… 165

多种学法在美术课堂上的应用…………………………… 169

创造性思维学习法………………………………………… 175

探究式学习法，让学生体验运动快乐…………………… 178

目录

小学体育情境学习法，能激发学生情趣与斗志……………… 182
柯达伊学法在小学音乐唱歌教学中的运用……………………… 186
理趣学习法，给人启迪与思考…………………………………… 190
凝练古诗学习方法，理解作品深邃意境………………………… 194
归整小学语文中理解词语意思的七种方法……………………… 199
浅析语文阅读中句子赏析的学习方法…………………………… 203
浅析小学数学情景式学习法……………………………………… 207
学生课堂自主合作学法探究……………………………………… 213
基于问题的学习法在美术课堂中的运用………………………… 220
框图学习法在小学 Scratch 编程中的实例运用………………… 225
"联想学习法"，彰显学生艺术创造力…………………………… 229
快乐学习法，绿茵场中显风华…………………………………… 235
小学体育核心素养之自主多维学习方法………………………… 238
小学音乐低段欣赏课学习法……………………………………… 242
音乐主题欣赏法，感悟节奏速度旋律走向……………………… 246

浅析小学语文阅读中的猜词学习法

重庆市渝中区大坪小学　王　梅

摘　要：国内外很多学者对英文阅读中的猜词法进行了研究，对中文阅读中的猜词法的研究却较少。本文结合课堂教学，对中文阅读中的猜词学习法进行研究与探索。

关键词：猜词法；阅读；步骤

一、猜词法的研究现状

所谓猜词，就是在独立阅读过程中，不借助词典，只根据对语篇的信息、逻辑、背景知识及语言结构等的综合理解去猜测或推断某一生词的词义。关于在英文阅读过程中遇到生词时怎样去猜出词义，有不少学者进行了研究。英语单词的字音一般可以借助拼读大致读出，而词义的猜测则较难。克拉克和内森曾提出了"五步猜词法"。

Christine Nuttall（1982）明确表示"阅读的目的就是培养学生在无任何帮助下独立阅读的能力"。因此，小学阶段掌握猜字音和词义的方法在平时的学习中尤为重要。

浙江奉化中学的吴彩云老师在克拉克和内森提出的"五步猜词法"的基础上，结合自己的教学实际总结出了适用于学生的"五步猜词法"：①确定生词的词性；②寻找最近的上下文，即含生词的整个句子，如有必要，应把最近的上下文简单化；③寻找再远一些的上下文，即含生词句子的邻近句子、生词所在的语段甚至整个语篇；④猜测词义；⑤检验猜词是否准确。

二、语文阅读中的猜词学习法

不同年龄段的孩子在阅读过程中会遇到不同的问题，但有一个问题是共同的难题：由于不认识字，不理解字义或词义，给文章的理解带来障碍。对于低年龄段的孩子而言，这样的阅读障碍更明显。因此，受到英文阅读"五步猜词法"的启发，在语文阅读中，我们也可以用猜词学习法来解决难题。

本文将结合教材来探讨，并将猜词学习法分为以下几个步骤：①定结构；②定方法；③猜音、义；④检验。

《纸船和风筝》是部编版小学语文二年级上册八单元第23课，这是一篇没有拼音的课文，其生字条如下：

筝 鼠 折 漂 扎 抓 幸 但 愿 哭 取

（一）认清生字的结构

汉字的形体结构可以分为汉字、部件、笔画、笔形四个层次。汉字是最高层次，部件是次高层次，笔画是次低层次，笔形是最低层次。根据汉字中部件的多少，汉字可分为独体字和合体字。独体字只有一个部件，合体字有多个部件。根据部件与部件的方位关系，合体字的结构主要有以下几种。

(1) 上下结构：思、歪、冒、安、全……

(2) 上中下结构：草、暴、意、竟、竞……

(3) 左右结构：好、和、蜂、往、明……

(4) 左中右结构：棚、谢、树、倒、搬、滩、撇、鞭、辩……

(5) 全包围结构：围、囚、困、田、因、国、固……

(6) 半包围结构：包、区、闪、这、句、函、风……

（7）穿插结构：噩、兆、非……

（8）品字形结构：品、森、聂、晶、磊、鑫、焱……

本文11个生字中，属于上下结构的字有筝、鼠、愿、哭、幸，属于左右结构的字有折、漂、扎、抓、但、取。

（二）选定猜词的方法

1. 形声字猜词法

人们对汉字进行分析，归纳出了关于汉字构造的系统理论，把汉字的构造方法分为象形、指事、会意、形声、转注和假借。在小学阶段，我们会遇到很多象形字和形声字，利用好这两种汉字构造方法，会让我们在识字过程中感受到很多乐趣，也能帮助我们快速猜出字音和字义。

例："筝、抓、愿"的猜词学习法。

生字条里的"筝"是本课教学目标中要求学生学习的生字。孩子们在阅读过程中可以运用"猜字学习法"来学习。第一步，定结构：认清这是一个上下结构的字。可以用"加一加"的方法来记住字形：竹字头+争。第二步，定方法："竹"作部首时可以表示和竹子或竹制品有关的事物，表意，"争"表音，因此，对这个字我们可以用形声字的构造方法来猜读音。第三步，猜字音：可以先猜出一个读音"zhēng"。第四步，检验：通过联系上下文的方法，我们知道了小熊住在山脚，送给小松鼠的是风筝，从意义上来判断，"zhēng"就是"筝"的读音。

2. 字形猜词法

在发明文字以前，古人曾以由图画来记事，故我们所识记的很多汉字都是由图画演化而来的。因此，我们可以根据字形猜出很多汉字的音和义。

例："鼠"的猜词步骤。

第一步，定结构：认清这是一个上下结构的字，可以用"加一加"的方法来记住字形。第二步，定方法：在课堂上，孩子们说

3

"鼠"字的上半部分像老鼠张开的嘴巴和圆圆的头，下半部分像老鼠的身体和爪子，最后那一笔斜钩像老鼠又细又长的尾巴，因此，我们可以用看字形的方法来猜其读音。第三步，猜字音：孩子们猜测这个字的读音可能是"shǔ"音。第四步，检验：通过联系上下文的方法，我们知道了文章中的一个主人公就是小松鼠，从意义上来判断，"鼠"这个字的读音就是"shǔ"。

3. 读词猜字法

有些生字既不是形声字，也不能依靠字形来推测音和义。但是在文中，这些字的前后往往都有字，我们可以通过多读几遍，再联系自己的生活经验，猜出其音和义。

例："幸"的猜词步骤。

第一步，定结构：认清这是一个上下结构的字，可以用"加一加"的方法来记住字形。第二步，定方法：在文中小熊给小松鼠写了这样一句祝福，"祝你幸福！"孩子们多读几遍，就会知道好朋友之间互送祝福时会说"幸福"这样的词语，因此，我们可以用读词猜字的方法来猜出这个字的读音。第三步，猜字音：孩子们猜测这个字的读音可能是"xìng"。第四步，检验：通过联系上下文的方法，我们可以确定这个字的读音就是"xìng"。

（三）掌握猜词法的意义

汉字是世界上最古老的文字之一，至少有数千年的历史。汉字的数量并没有准确数字，将近十万个（北京国安资讯设备有限公司汉字字库收录有出处的汉字 91251 个），而日常所使用的汉字只有几千字。

孩子们在平时的学习过程中遇到不认识的生字可以查字典，问老师或者同学，也可以选择"猜词法"。"猜词法"不仅能解决阅读中不认识字的困境，也是发展想象思维的一种好方法，对于提高孩子们的阅读能力、锻炼孩子们的思维能力具有重要意义。

片段写作是提高学生习作水平的好方法

重庆市渝中区大坪小学　李红博

摘　要：要消除学生对写作的畏惧心理，化难为易，"片段写作"是一个较好的方法。其原因有二：一是片段字数少，学生易于接受；二是老师批改速度快，可以及时地发现问题并做好第二次指导讲评。本书结合小学语文三年级的写作内容进行片段写作练习，促进学生写作能力的提升。

关键词：片段写作；细致观察；写景片段

片段写作是对人、事、景、物的某个局部的写作进行单项练习，写出的片段既有相对的独立性，又归属于一篇文章的某个部分。片段写作练习是提高小学中年级习作水平的一个好方法。小学中年级的片段写作练习既是低年级字、词、句写话训练的归结，又是高年级篇章写作的基础。通过中年级片段写作练习，学生不仅可以掌握某一类文体的写作技巧，还能把写作任务明确、细化，无形中降低写作的难度，增强写作的兴趣和自信心。三年级是从低年级到中高年级的过渡时期。这一阶段的学生已学过看图写话和想象类表达，处于写作的初始阶段，没有学习具体的写作技巧，对于写实类的文章也没有写作经验。因此，片段写作练习是把三年级写作化繁为简的好方法。以部编版小学语文三年级教材为例，根据教材课文内容及写作内容安排，通过合适的片段写作练习，有针对性地练习写作技巧，可有效提升学生的写作能力。

一、关于调动感官细致观察的片段写作指导

细致地观察是写作的前提和重点。三年级片段写作练习，可以练习调动多种感官，全面、细致观察，从而抓住事物的主要特征。我们在观察事物时，可借助视觉、触觉、听觉、嗅觉等多种感官，不仅要观其形和色，更要嗅其味听其音。只有这样才能把握事物的形态、颜色、气味、大小、数量等主要特征，让描写绘声绘色。例如在部编版小学语文三年级上册第五单元"我们眼中的缤纷世界"的学习过程中，就曾强调运用调动多种感官，对事物进行细致观察。

运用调动多种感官多角度观察的方法去观察柚子，就可以写出如下片段：

> 柚子的外皮黄黄的，形状是椭圆形的，像一个黄色的橄榄球。上面长着几块黑斑，好像被炙热的太阳晒黑了。摸一摸，上面有许多小坑。闻一闻，它散发出迷人的香味。切开柚子，果肉外有一层厚厚的"防撞垫"，里面的果肉如宝石一般晶莹剔透。放进嘴里，轻轻咬上一口，透明的汁水喷了出来，美味极了，越吃越想吃。

调动多种感官观察事物的方法，也适用于观察动物。比如一个小朋友在观察小金鱼时，除了看一看小金鱼的外形特点，还去摸了摸，想了想，就写出了如下片段：

> 我觉得小金鱼太孤单了，就想用手指和它玩一玩。我摸到了它的鱼鳍，刺刺的，我赶快把手拿开了，小金鱼也吓得飞快地游走了。我又摸到了它的身体，滑滑的，真舒服！经过几次尝试，小金鱼好像知道我要和它玩一玩，乖乖地停在那里，我猜它一定在想：主人，快来和我玩吧！

可见，通过调动多种感官细致观察的片段写作练习，可有效促进习作水平的提高。

二、关于写景作文的片段写作指导

（一）有序观察，抓住景物特征

三年级的学生在写景时，往往存在不知如何下手的问题，想要表达，思维却杂乱无章。有序地观察，是解决这个问题的好方法。世界上的景物千姿百态，观察角度和顺序不同，观感也有所不同。在描写景物时，可以按照时间顺序、空间顺序进行，由远及近，由高到低，由整体到局部，抑或移步换景，随着观察点的变换井然有序地开展，从而使景物描写层次分明、条理清晰。例如在"放学路上"片段描写中，可以按照从远到近或者由整体到局部的观察顺序来观察银杏树。在描写公园时可以按照移步换景，突出重点的方法来写。在写小区一角的景色时可以按照空间顺序或者一年四季的时间顺序来写。

（二）展开合理想象，运用修辞，增强语言感染力

在描写景物时，巧妙地运用修辞手法，往往会使文章语言更具感染力和表现力，让人读后印象深刻、回味无穷。因此，在写景时，把握好比喻、拟人、排比、夸张等修辞方法的运用，并充分发挥自己丰富的想象力，大胆联想，就会让景物描写活灵活现、有血有肉，富有感染力和艺术魅力。

例如在描写秋天的银杏树时，如果只止步于细致地观察与描写，难免会有干瘪无趣之感。如果在观察时发挥想象，用上比喻、拟人等修辞手法，就会让文章灵动起来。例如：

> 秋天，银杏叶脱去绿裙子，穿上金色的大衣，静静地挂在树上。秋风一吹，有的银杏叶在树枝上摇摆、翻动，金光闪闪。有的乘着微风从树枝上飞下来，飘飘摇摇，阳光照在它的身上，耀眼夺目，就像一位穿着金色裙子的小仙子在空中舞蹈。

又如：

　　这时，一阵风吹来，许多小银杏树叶落了下来，它们挤在一起，给大地穿上了一件金光闪闪的、厚厚的棉衣，生怕大地着了凉。

（三）动静结合，景色更灵动

在进行景物描写时，要想使笔下的景物鲜活起来，就既要写出景物的静态，又要写出景物的动态，做到静中有动、动中有静、动静结合，从而增强画面的动感，使作文情趣盎然。因此，在写景作文的片段写作训练中，可以加入动静结合的片段写作训练，力求达到富有感情、充满灵动的效果。

仍以描写银杏树为例，不仅可以观察静态的银杏树，还可以写写银杏树的动态，并加上自己的想象，让文章灵动起来：

　　站在树下，抬头仰望银杏树，好美啊，就像一把金黄的大伞立在这里。望着满眼的银杏叶，我感觉自己置身于金色的海洋。这时，阳光像利剑一样穿过叶子，照在地上。一片片银杏叶就像小扇子。颜色各种各样：有黄中带绿的，像碧玉一般；也有全身金黄的，在阳光下熠熠生辉；还有的黄中带黑色的斑点，就像脸上长的黑雀斑，真有意思。一阵微风吹过，把银杏叶吹得翻动起来，"呼呼，呼呼"的，好像一首美妙的歌曲。还有一些被风吹得飘了起来，好像小仙女在空中舞蹈，直到小仙女扑倒在大地妈妈的怀中熟睡起来，这舞蹈才停止。

三、关于以细节描写突出人物特点的片段写作指导

人物描写包括人物的外貌（肖像）、动作、语言、神态、心理描写等，应力求具体、生动，做到绘声绘色地再现"人物"，让读者如见其人，如闻其声。三年级学生已经初步掌握了人物的外貌描写方法。在此基础上，通过一件事情体现人物特点是片段写作训练

的重点，要让学生抓住人物的动作、语言、神态、心理活动来生动地再现人物的特点，掌握突出人物特点的写作技巧，促进写作水平的提升。例如，结合部编版小学语文三年级上册第一单元习作《猜猜他是谁》进行片段写作练习，描写一个吃饭挑食的孩子：

> 小黄很挑食，一到中午，他只看了一眼饭菜，就紧锁眉头，说："哎呀，今天的饭菜肯定很难吃，真不想吃啊。"说完，就有气无力地回到座位上去。轮到他盛饭时，只见他慢吞吞地拿着饭盒，极不情愿地走上去排队。他看了一眼菜，撇撇嘴，只盛了一点白米饭就回去了。回到座位，他抱着饭盒，在那发呆，像木头人似的。过了一会儿，才用勺子舀了一勺饭，慢吞吞地送进了嘴里，极不情愿地吞了下去，像吃药一样。吃了几口后，他就走到饭盆边，把饭倒了。唉，真浪费呀！我摇摇头说道："真是爱挑食的孩子啊！"

小结

综上观之，结合教材习作内容要求，有针对性地进行片段练习，化难为易，日积月累，可以实现学生习作水平的提升。

参考文献：

[1] 杨晓红. 浅谈如何指导小学生写好写景作文 [J]. 新课程（小学），2014（8）：53.

[2] 荀道艳. 浅谈小学语文写景类作文写作 [J]. 作文成功之路（上），2015（12）：96.

[3] 秦素芬. 关于小学语文写景类作文写作教学研究 [J]. 未来英才，2016（2）：89.

小学中段语文"问题情境学习法"

重庆市渝中区大坪小学　刘琼蔚

摘　要：问题情境学习法是将学习的过程以问题的形式交还到学生手里，问题情境具有思考性、参与性、研究性的特征。让学生在问题的引导下一步一步地走进文章、感受文章并理解文章，达到更好的学习状态。

关键词：问题情境；必要性；学习过程

根据新课程标准的要求，语文课堂教学的过程应当凸显学生主体地位。同时情绪心理学研究证明：个体的情感对认知活动至少有动力、强化、调节三方面的功能。问题情境学习法在教学过程中引起学生积极健康的情感体验，直接提高学生的学习积极性，使学习活动成为快乐的事情。学习过程应当符合小学生的心理特点，注重对学习氛围的营造，充分发挥学生的积极主动性，才能建设有效的小学语文课堂。问题情境学习法有以下几种方法。

一、创设问题情境法

捷克教育学家夸美纽斯曾说过，"能把他用一种吸引人的方式放到学生面前，或者向他们发出问题，这样去激发学生的兴趣"，他认为在教学过程中应经常保持学生的注意力集中，这种集中注意力的呈现方式在小学低段可以设置成有趣的课堂游戏，在小学中高段可以设置成有思考价值的问题，让学生能够从思考问题中感受到课堂的有趣。所以问题情境教学在课堂中是非常有必要的。首先，问题情境为学生的学习提供了思考空间，让学生在课堂中知道自己要想什么、要做什么，从而把课堂的主体地位归还给学生。其次，问题情境让学生在课堂中有参与性。现在的课堂时常出现老师讲、学生听的状态，部分学生听课的兴趣与参与度并不高，长期这样，学生和老师都会出现倦怠感，学习效果就非常差。问题情境则将提问和回答问题的过程交到学生手里，老师做到指导与答疑。学生提出的问题得到老师和同学的肯定，放到全班来解决，学生的学习兴趣就会增强，参与度也随之提升。以往的课堂上，老师把知识点一点一点地讲给学生听，然而问题情境教学是将知识以问题的形式呈现在学生面前，学生在合作探究中去寻找答案，让学生有思考、有参与、有研究。因此，师生共同创设问题情境，就给学生提供了一个主动学习与互助学习的"磁场"。

二、问题再现及引导学习法

问题情境教学的关键在于问题的再现。课堂中的问题再现分为两个方面：一方面是老师根据本堂课的教学目标以及学生的学习能力，提出一些引导性问题；另一方面是学生在预习时针对自己不太懂的地方，提出自己的问题。例如，笔者在《可贵的沉默》第二课时第二个环节"思考中懂得爱"的教学中是这样做的：

（1）默读12~14自然段。孩子们的表情怎么了？从文中找一个词语。提出问题：

（沉默）为什么会沉默？用"＿＿＿＿"画出描写孩子们沉默的句子。

（2）指名回答再出示。

沉默一：霎时，教室里安静了下来。我把问题重复了一遍，教室里依然很安静。过了一会儿，几位女学生沉静地举起了手，我指名她们读。

师：你从哪些词语看出他们沉默了？
生：安静。

师：齐读（读出安静的气氛）。

沉默二：教室里寂然无声，没有人举手，没有人说话。孩子们沉默着，我和孩子们一起沉默着……

指名读，评议怎样读出这种课堂气氛。

读到这里时学生提出自己的问题：为什么教室"寂然无声"呢？然后理解能力强的学生就会起来回答道：孩子们意识到自己的错误，明白自己只想到自己开心，却忽视了爸爸妈妈；只知道一味地得到爸爸妈妈的爱，却忘记了自己还要回报爸爸妈妈。这也正是我想让他们去思考、理解的地方。用问题作为引导，尝试将学生的问题放进课堂，让他们能够主动在课堂中进行学习和思考。

三、问题思考及追问法

捷克教育学家夸美纽斯在《大教学论》中谈论认识直观原理时这样说过，"一切认识都是从感官开始的""在可能的范围内尽量放到感官的眼前"。在问题情境教学的过程中，在着眼整篇文章的同时还需要将课文有效地分为几个部分，并将问题融入各个部分中，这样才能架起学生思想的桥梁。例如，笔者在《可贵的沉默》第二课时的教学中将教学活动分为了以下几个部分。

（一）从情景中感受爱

（1）老师提出了什么问题？教室里为什么这么热闹？

（2）图中的孩子们是怎样的神情？（兴奋）翻开书自读1~9自然段，和孩子们一起感受这种快乐。

（3）你从哪些词句看出孩子们很兴奋？

（二）从思考中懂得爱

（1）默读12~14自然段。孩子们的表情怎么了？从文中找一个词语形容。

（2）"犯了错误"指的是什么？为什么孩子们做得不够好反而

说他们"可爱"呢？

（三）从行动上回报爱

（1）如果是你，你打算在父母生日的时候给他们什么惊喜？

（2）课文中的孩子们是怎么做的？你是从哪里知道的？

（3）过渡：老师看到她的学生知道回报父母的爱了，又是怎样的心情呢？（开心、满足）读最后一个自然段，思考：什么是"享受"？

这样的三个环节及对相关问题的思考，有效地将课文内容分解成三个层次，通过由浅到深的思考路径，从课文的内容入手，深入情感的表达，再到自我情感的提升，这种强烈的内驱力，促使学生在课堂中不断去思考，去探索，去解决各种问题，从而使课堂变得活跃的同时，让学生的主体地位也得到了呈现。再加上问题是由老师和同学一同提出的，问题就会呈现出各种各样的形式，老师只需把问题进行相应的调整和梳理，课堂就会变得生动有趣。

小结

问题情境学习法为学生提供了学习思考的空间，让学生在课堂中知道自己该做什么，能做什么。有了明确的思考目标，这样不仅展现了以学生为主的课堂教学过程，同时也使课堂变得更有意思，不再是老师讲而是师生共同合作来完成课堂学习。因此，问题情境学习法不仅要深入思考文本，提出有价值的问题，也要把学生置入文本环境中，深层次地思考和解决问题，从而使学生"保持正念，培根铸魂"！

小学数学"解决问题"的三种学习方法

重庆市渝中区大坪小学 刘韵雯

摘 要：学会学习是未来人才不可或缺的能力。教师关注学生学习能力的培养，离不开对学法的研究。"解决问题"是人教版小学数学教材的重要板块。本文通过对其三个板块的思考和研究，初步探索教师如何在教学中关注学生、重视学法，使学习达到更好的效果。

关键词：学法；解决问题；学习能力

我国伟大的教育家陶行知先生曾说过："好的先生不是教书，不是教学生，乃是教学生学。"在知识和技能不断更新的现代社会，需要培养面向未来的发展型青年，他们不仅有基本的知识结构，更是会思考、能实践、敢创新的综合性人才。作为教师，传道授业是职责所在，但如何教会学生学习的方法，让学生拥有会学习的能力，是更需要我们现代教师重视和研究的一大任务。

"解决问题"是人教版小学数学教材的重要板块，是为每个单元的基础知识输出之后设计的应用延伸。这一板块十分重视学生思维和能力的培养，统一分为"阅读与理解""分析与解答""回顾与反思"三大板块，具有较强的迁移性和系统性。这就要求教师需教会学生学习和思考的方法，让学生能够学以致用、举一反三，是"学法"在教学中的一大体现。所以，本文将以教材中"解决问题"板块为例，分析学法在数学教学中的应用和实施。

一、阅读与理解——用"排除法"找准信息

数学课堂建设成功的标志之一，是学生认识到数学的无穷意义和乐趣。与此相比更重要的是，我们的课堂要让学生感受到数学在生活中广泛应用的环境，认识到数学是我们感知世界和改造世界的重要工具。"解决问题"的第一板块，是让学生阅读题目，找到与数学有关的信息，并理解题目的意义。这一板块的学习呈现是学生学习的第一步，能够迅速打开学生的数学头脑，调动学生的数学思维，也是对学生数学敏感度和理解力的一大考验。所以，这一阶段的学习要求教师帮助学生找到与数学有关的信息并整理出信息内容，迈出学习的第一步。

例如，在设计"用除法解决问题"一课时，课本里出示了各种商品的价格，问题是"56元能买几个地球仪"。这一节课的教学要求是教师不仅要引导学生找到数学信息，还要帮助学生整理出与问题有关的数学信息，通过对无关信息的"排除"，为后续的分析与解答做好充分的准备。

师：文文想买一些玩具奖励大家，但是在买玩具的时候遇到了一些问题，聪明的你们能帮他解决吗？

师：你发现了哪些数学信息？

生1：玩具熊6元，地球仪8元，皮球9元。

生2：56元可以买几个地球仪？

师：要解决这个问题需要哪些信息？

生：要知道一个地球仪卖几元？

师：除了地球仪的价格，还需要告诉你其余商品的价格吗？比如小熊6元，皮球9元。谁能把相关联的信息和问题连起来读一读？

生：不用知道小熊、皮球的价格。这个题目真正的信息只是一个地球仪8元钱，56元可以买几个地球仪？

二、分析与解答——综合运用"信息处理法"

数学学习活动中,数学问题的解决需要综合运用计数、计算、量度等多种数学元素所形成的概念和公理。实践教学中,指导学生用好"信息处理法"是促进学生独立解决数学问题,培养自学能力的关键。教师应指导学生运用分析、综合、概括、比较等方法,学会收集、分析、处理数学问题中包含的隐藏信息。

"分析与解答"是"解决问题"的重点,也是三个板块中最能活跃学生头脑,锻炼学生思维的关键所在。要解决这类问题,学生需学会分析题目中的数学信息,一是分析信息的含义,这需要我们结合实际、联系旧知把握信息的数学定义。二是分析信息间的内在关联,有联系才有突破口,当学生找到信息间的数学关联,后续的解答也就迎刃而解了。这一过程中,教师应注意引导学生掌握好的方法,帮助学生通过画图分析、线段分析等数学工具更加清晰直观地理解信息,找到学习的钥匙。这一板块的学习应充分调动学生的学习积极性,发挥学生的学习主动性,让学生在这个过程中主动探索、形成方法、发展能力。

例如,在多位数乘一位数"解决问题"例9的教学中,题目中的数学信息是不难理解的,但要解决其中的问题,就必须捋清信息间的关系,而这一过程对三年级的学生来说无疑是相对困难的,这个时候利用"线段图分析法"来处理信息、分析问题,就能事半功倍。

例9:妈妈买6元一个的碗,正好可以买6个,用这些钱买9元一个的碗,可以买几个?

师:你们能用示意图来表示题目中的数学信息吗?

请学生展示,并引导学生修改完善,最终形成线段图(见图1)。

```
       6元
     ┌──┴──┐
     ├─────┼─────────────────────┤
              6个
         9元
       ┌──┴──┐
     ├───────┼───────────────────┤
               ?个
```

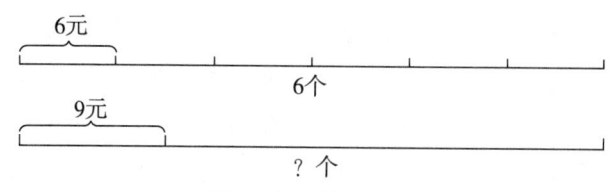

图1　例9的线段图

师：从这幅线段图中你发现了什么？

生：我发现两条线段应一样长，也就是妈妈的总钱数是不变的。

师：同学们发现了两个数学信息间的联系，那你们找到解决问题的突破口了吗？

生：已知每个碗6元，能买6个，就可以求出妈妈一共用了多少钱。知道了这些钱的总数，就可以求出用这些钱买9元一个的碗能买几个。

师：请你们把解答的过程独立完成在课堂本上。

生：6×6=36（元）；36÷9=4（个）。

三、回顾与反思——"验证法"中的再学习

学习是一个持久又反复的过程。对学生学法的重视一方面体现在学习方法和学习能力的提高上，另一方面，作为教师不能忽视对学生学习习惯的培养。而"回顾与反思"这一板块的教学，既要对课堂知识进行总结提升，更要帮助学生养成及时总结、认真反思的良好学习习惯。而在实际教学中，教师往往忽略了这一板块的重要性，常常是带着学生快速地回顾检查，快速地略过这一环节。这不仅会影响学习的系统性、完整性，还容易让学生形成马虎的学习态度。因此，我们不仅不能忽视这一环节的教学，更要让学生用"验证法"进一步深入学习，并帮助学生养成检查和反思的良好学习习惯。

例如，在"克和千克"这一课的"解决问题"版块，当学生已经借助前一课的知识估出了"4个或5个苹果约重1千克"这一数

学信息，解答出"20个苹果约重4或5千克"之后，我不仅让学生通过说一说回顾解答的过程，反思遇到的困难，还拿出了苹果让同学们量一量，验证他们估计的"4个或5个苹果约重1千克"这一信息的正确性。这个环节不仅让学生对解决问题的方法和过程加深了印象，为后续的练习做好了铺垫，更重要的是让同学们得出，答案并不是结束，我们还要继续反思每一个环节，数学中的探索是永无止境的。

总而言之，数学学法指导是一个由非智力因素、学习方法、学习习惯、学习能力和学习效果组成的动力系统、执行系统、控制系统、反馈系统的整体。对其中任何一个系统的忽视都会直接影响学法指导整体功能的发挥。而"解决问题"中三个板块的相辅相成刚好也把学法的系统性和整体性结合了起来。我们在设计这类课题时要深入思考，让学生在学习的过程中不仅能收获知识，还能掌握多种学习方法，最终形成习惯，为达到"会学"奠基！

参考文献：

[1] 郭健玲. 重视学法指导，培养自学能力 [J]. 数学学习与研究，2013（16）：64.

[2] 文红. 数学学法研究与指导 [J]. 衡水师专学报，2002（01）：88-89.

让学生在"学法"中站立起来
——以7的乘法口诀为例

重庆市渝中区大坪小学　雷　正

摘　要：乘法口诀看似简单，但在新课程标准中是小学生重点基础知识之一。部分教师在这部分内容的教学中忽略了学生的学法。本文主要以7的乘法口诀课堂教学为例，站在学生的角度，重视学法，总结学生在课堂上学习乘法口诀的方法，以此促进学生综合素养的提高。

关键词：乘法口诀；课堂学习；总结学法

何为学法？学法是根据本节课的教学目标和教法，让学生通过动脑、动口、动手来亲身经历"做数学"的过程。学法指导是教师在教学过程中依据课程标准，针对学生特点，为使学生爱学、会学、学好而进行的指导。我国著名教育家叶圣陶先生说过"教是为了不教，"因此，要让学生不但学会，而且会学。德国教育学家第斯多惠曾经说过："科学知识是不应该传授给学生的，而应该引导学生去发现它们，独立地掌握它们。"因此，在日常教学中，教师应当多研究学生，多研究教材，多对学生的学习方法进行指导。

乘法口诀是小学数学二年级教学的重点内容，也是学生学习乘法和除法计算必须掌握的基础知识。在教学乘法口诀的过程中，要求学生经历编制口诀的过程，体验乘法口诀的来源，然后熟读口诀，运用口诀进行计算。就一般学生而言，口诀易背易记，使用娴熟。部分老师认为只需要把口诀背下来就行，于是让学生花大量时间去背口诀。这一做法使得学生对编制口诀兴趣不浓，认识模糊，同时也忽略了对学生学法的培养，致使口诀教学产生了困难，甚至有极少数学生由于不能熟记口诀，给学习乘法和除法计算带来了不小的阻力。本文主要以7的乘法口诀课堂实际教学为例，分析、归纳和总结出学生课堂学习乘法口诀的方法，以提高学生综合素养。

一、观察发现法

数学观察是人们对事物或问题的数学特征（空间形式和数量关系）有意识地获取认识的一种活动。它不仅是对数学对象视觉系统上的感知，还包含着积极的思维活动。归纳发现是数学学习中的一个重要素质，也是数学教学中学生核心能力的体现。乘法口诀的教学就离不开学生的观察分析、归纳发现。同时，理解乘法口诀的意义也是很重要的课程目标。因此，在乘法口诀的课堂教学中，首先应该让学生对乘法口诀的意义进行观察分析，给更多时间让学生进行归纳发现。以7的乘法口诀为例：

图案个数	1	2	3	4	5	6	7
块数	7	14	21	28	35	42	49

让学生填写完后，进行反馈。

师：孩子们真棒。老师想问问大家，6个图案是42块，是怎么算的？

反馈结束后孩子们通过观察、分析、归纳，得到了很多收获。比如：

生1：7×7=49（这是已经知道7×7=49，再减7得到7×6=42）。

生2：7+7+7+7+7+7=42（通过加法算式算得）。

生3：六七四十二（这是直接利用口诀计算得到）。

生4：5×7=35，再加上7得到（用叠加的方法得到）。

有了观察分析，孩子们大胆地发现：1个图案是7，2个图案是14，3个图案是21……，以此类推。由此可以看出学生已经明白了乘法的意义。

二、迁移自编法

研究表明，学生的正迁移量越大，说明学生适应新的学习情境或者解决新的问题的能力越强。这种正迁移量的实质就是原有的认知结构，也就是学生掌握相关旧知的概括化程度。这也要求教师在学生学习新知时唤起对旧知技能的重视，为新知学习建立最佳的关系和固定点。比如小学数学乘法口诀课堂教学就是如此。1~9的乘法口诀，越往后越是对旧知的迁移。其实二年级学生已经具备了迁移和自编口诀的能力，只是我们教师平时在教学中觉得他们的年龄小，从而忽略了他们能力的体现。

在学习口诀之前可以让学生猜猜这个数的口诀有几句，从而让学生联系旧知进行迁移分析。学生在通过想口诀、自编口诀、分享口诀的过程中进行交流。以7的乘法口诀为例。

师：同学们，我们已经学习了1~6的乘法口诀，相信大家能自己编出7的乘法口诀了，先猜猜7的口诀会有几句呢？

生：7句。

师：别着急，孩子，只有编了才知道。先看要求，再探究交流，通过想一想、编一编，把你编写的口诀填在题单上，并向同桌分享你是如何编写口诀的。

师：明白了吗？赶紧行动起来。

三、分享质疑法

小组合作学习是新课改倡导的三大学习方式之一。合作学习有利于培养学生的协作精神、团队观念和交流能力，让学生在思想的碰撞中迸发出创新的火花。这种学习方式为每个学生创设了表现自我的宽松氛围，使学生的思维表现出积极的状态，能较大限度地发挥集体互助力量。在小学数学乘法口诀课堂教学中，通过合作编写

学法·无尽的追问

口诀可以在调动每个学生积极性的同时，让教师站在学生的角度去分析和思考学生是如何编写口诀的。部分教师在教学时把这个环节省略，其实很不可取，因为了解学生合作编写口诀的过程能更好地促进课堂教学的开展。

师：同学们，谁先来汇报下你编写的7的乘法口诀。

生1：一七得七，二七十四，三七二十一。

师：你们同意吗？请坐，后面的口诀谁来接着说。

生2：四七二十八，五七三十五，六七四十二，七七四十九。

师：你们都是这么编的吗？这么难的口诀都能编出来，说说你们是怎么编写口诀的？

生1：我是这样编的，比如一六得六就想到一七得七，这样往下编的。

生2：比如1×7=7，我就编一七得七，2×7=14，编成二七十四。

生3：我是通过表格来编的，4与7的乘积是28，所以就是四七二十八。

……

通过学生的汇报能清楚得知，这个环节很成功。了解到学生编写口诀是用想算式、用旧知来编写口诀等方式来思考的，也能更好地了解学生的学习状况。

在现代课堂教学中，教师应抓住时机，将"疑"设在学生学习新旧知识的矛盾冲突之中，让学生在"疑"中产生兴趣，在"疑"中寻找问题。教育家苏霍姆林斯基曾说过："在人的心灵深处有一种根深蒂固的需要，这就是希望感到自己是一个发现者、研究者和探索者，而在小学儿童精神中，这种需要是特别强烈的。"如何巧妙地把它引入课堂中，是一个值得深思的问题。而我的课堂是很喜欢把时间留给学生，去倾听学生的想法。仍以这节课为例。

师：你们真会动脑筋，用各自不同的方法编出7的乘法口诀。

师：同学们，你们能根据自己编的口诀提出什么问题吗？大家先静下来想一想。

生1："四七二十八"这句口诀表示什么意思呢？谁可以来解答下这个问题。

生2：4个7相加。

生3：那你能通过"五七三十五"想到哪两个乘法算式吗？

师：谁还能提出什么问题呢？

……

很明显，这节课从实例上看很成功，学生通过"分享质疑"这个环节，更加明白乘法口诀中乘法的意义等。这也能让学生主动投入学习中，在活动中培养学生的探索精神，激发学习数学的兴趣。最后，教师再引导学生用多种方式去记忆乘法口诀。这样的课堂始终在关注学生，关注学法，孩子们能不喜欢吗？

我们要相信课堂是孩子们的，作为一名教师，我们要"学会放手"。在课堂上，我们一定要让教法与学法相得益彰。真正的课堂就是要使学生在学法中站立起来！

参考文献：

[1] 朱慧，杨丽君. 从"教法"到"学法"——关于教育理念转变的几点思考[J]. 科教文汇（上旬刊），2018（02）：36-37.

[2] 徐丽丽，余涛. 数学教学中教法与学法的双向作用研究[J]. 数学学习与研究，2017（18）：151.

[3] 裴显钱. 新课程下自主、合作、探究模式的历史教学实践[J]. 考试（教研版），2008（1）：84-85.

观察学习法与美术课学习中的视觉形象

重庆市渝中区大坪小学　韦　钰

摘　要：美术课程以对视觉形象的感知、理解和创造为特征，所以观察学习法是学生在美术课堂中经常用到的一种学习方法。

关键词：美术课程；视觉形象；观察学习

利用观察学习法，学生在美术课堂中可以通过用耳朵去听不同的声音，用眼睛去看线条、形状、色彩的变化，用手去触碰不同的肌理等，来感知丰富的艺术表现形式。这种方法具有较明显的表现特征。在湘美版小学美术二年级上册第15课"神鸟变树"中，学生运用观察学习的方法贯穿整个学习过程。观察学习法具体有以下几种。

一、观察赏析法

"孩子们，我们一起闭上眼睛，仔细听，教室上空传来……"
"这是一只向往自由的云雀。"
"让老师来揭开这个神秘面纱，答案是一只洁白美丽的大雁。"
"接下来这个声音就不一样了，教室上空传来了——这就是神鸟。"

本节课一开始便让学生听到两种比较熟悉的鸟叫声，通过这样的视听感受，让学生保持专注。在学习的氛围被带动起来后，学生继续保持好奇听第三种声音，他们课堂学习的主动性增强，初步建立了对神鸟的兴趣。

观察学习法与美术课学习中的视觉形象

"看到神鸟的样子你有什么感受呢？有哪些吸引你的地方呢？"

教师结合多媒体教学出示神鸟图（见图1）。学生看到神鸟图中神鸟突出的色彩，在深蓝色背景的衬托下，一只大鸟展开五颜六色的翅膀，展现着自己的美丽，画面色彩对比十分强烈。

图1 神鸟图

"除了颜色给你强烈的感觉，你还能在神鸟上看到什么？"

随着老师的追问，学生继续通过观察获取新的信息。这时学生又发现了色彩以外的特点，会看到一块一块的图形，他们会很快地说出熟悉的三角形、椭圆形、长条形。这样学生就观察发现了形状在画面中的组合运用。

"除了形状之外，你还能看到哪些线条呢？"

这时就有学生观察到了画面中各种线条的变化，发现形状是直线、波浪线的组合。学生通过图像识读，不断地观察并感知神鸟形象，认识到了色彩、形状与线条在画面中的运用及其表现。

二、情景感知法

学生通过观察神鸟的色彩、形状和线条，逐步感知到一个完整的视觉形象。接下来，通过故事情景的烘托展示神鸟变树的传说："很久很久以前，神鸟善良而勇敢，保佑着天下人民。忽然有一天，地球上山崩地裂，眼看人们将遭到灭顶之灾。这时神鸟将自己变成一棵大树，牢牢地抓住松动的土地。最后人们获救了，神鸟从此以后变成了一棵大大的守护树，继续保佑着天下的人民。"

"仔细看看，神鸟倒过来像树吗？"学生带着强烈的好奇心观察神鸟发生的变化。

课件展示了神鸟变树的动画（见图2）。学生通过观察和对比，发现神鸟变树的奥秘：神鸟细长的脖子呈长条形，像树干，身体和展开的翅膀构成了大大的圆形像树叶，头部倒置之后，变成了树根，这样其形象便与树的形象相似了。

图2　神鸟变树

三、创意表达法

在了解神鸟变树的过程后，学生又怎样展现艺术的创意呢？这里孩子们也是通过对图片的直接观察，在老师的描述中感受。

神鸟的魔法可不一般，在有的孩子眼中，它摇身一变："我是一棵愿望树，愿变成小鸟跟我们一起飞翔。"

该学生的作品运用了饱和度较高的红色、黄色、橙色、紫色、绿色来装饰愿望树和可爱的小鸟，在黑色的背景衬托下，传递出希望、美好的感觉（见图3）。

图3 学生创意图

"我是一棵七彩树，展开我五颜六色的树叶拥抱春天……"

学生联想到绿色的叶子代表生机，橙色、黄色、蓝色的搭配展现出七彩树活泼开朗的性格，表达了创造美好生活的愿望（见图4）。

学法，无尽的追问

图 4　学生创意图

"你们还有哪些不一样的魔法呢？和周围的小伙伴说一说吧。"

看到神鸟变成愿望树、七彩树，学生们都被神鸟的魔法吸引了，产生了浓厚的创造欲望，一个个都迫不及待地分享自己的想法。

"我是一棵伞树，为大家遮风挡雨。"

"我是一棵大榕树，高高的，大大的，能站在高处看更远的风景。"

"我是一棵灯树，为世界带来了光明。"

"我是一棵守护树，用双臂为人们击退大蟑螂。"

"我是一棵中秋树，让亲人们团团圆圆，吃好吃的月饼！"

"我是一棵家园树，给鸟儿们创造一个个美丽缤纷的小窝。"

在"神鸟变树"这节课里，学生由观察赏析到情景感知再到创意表达，在学习过程中既积累了听觉、视觉经验，又发展了感知能力、形象思维能力，使视觉形象在心里更清晰、更明亮，站在高处看到了神鸟树青鸟传音的美丽风景！

参考文献：

[1] 中华人民共和国教育部. 义务教育美术课程标准（2011年版）[M]. 北京：北京师范大学出版社，2012.

浅谈激发小学生信息技术学习兴趣的方法

重庆市渝中区大坪小学　吴　刚

摘要：小学生对信息技术课的兴趣也需要用心培养。信息技术课教学应以学生为主体，以实践操作为核心，以培养学生兴趣为出发点，创造性地设计教学结构，充分挖掘学生的内在潜力，使学生兴趣满满地学习信息技术课。本文就激发小学生信息技术课学习兴趣的方法进行探索。

关键词：信息技术课；学习兴趣；学习方法

作为一名刚接触教育工作的信息技术学科的教师，一开始教学时是怀着忐忑的心理的，生怕自己的知识储备不够或者是授课手段不好。但我初步接触这群小学生后发现，他们很喜欢上信息技术课，连带着也开始喜欢上我这个老师了。可是，随着我长期按部就班地上课，给他们传授课本上的知识，我渐渐发现大多数孩子变得不那么喜欢我上的这门课了。虽然孩子们很喜欢上信息技术课，但喜欢的原因是想玩游戏，而不在信息技术课本身。

爱因斯坦曾说过："兴趣是最好的老师。"孔子曾说过："知之者不如好之者，好之者不如乐知者。"著名教育家苏霍姆林斯基说："所有智力方面的工作都要依赖于兴趣。"那么兴趣是什么？我们不妨来看一下心理学对兴趣所下的定义："兴趣是一个人积极探究某事物或爱好某种活动的倾向。"兴趣是学生活动的催化剂，在学生学习实践活动和认知过程中起推动和内驱的作用。

曾有一段时间，我试着扭转这种现状，让学生的兴趣从游戏回

学法，无尽的追问

到信息技术课堂上来。我把学生感兴趣的点（即游戏）作为诱发学生学习的动机，短时间来看，效果还不错，大多数学生能够很好地完成课堂内容学习。但因为信息技术课的课时量较少，所以当我要兑现承诺的时候，便有些犹豫了。久而久之，虽然我很认真地备好每一节课，但学生对我的课堂还是渐渐地失去了兴趣。但近段时间，一次偶然的教学，刷新了我对学习兴趣的认识。以下就围绕培养小学生学习信息技术课的兴趣谈一下体会。

一、游戏学习法

在小学有这样一个现象，一位新教师进入小学后会担任一年级的班主任，之后一直陪伴着学生直至六年级毕业，行业里通常把这一过程叫作"带一届学生"。带过一两届的老师，经过十多年的成长，已经不需要再从一年级开始教学，有的是从三年级开始带，有的甚至只带是六年级。"带一届"的目的是让新教师掌握学生成长的规律。同样，当每学期我们拿到教材后，往往会发现教材上的内容编写得十分合理，总是遵循着由易到难，逐步深入的教学规律。所以，很多教师就按部就班地照着教材上课，一步步地对学生教学。这时，我们应该考虑学生对学习内容是否感兴趣，要在各个教学环节中增强趣味性，使学生的兴趣得以长久地保持，让他们的思想始终处于积极状态，从而使他们的兴趣逐步升级。

小学生最主要的特点是好奇、好动、好玩。根据这一特点，可将游戏引入新课之中。在三年级的计算机基本知识介绍中，可采用计算机自带的一些游戏引入新课，展示计算机的特点和功能，让学生亲自实践，从而激发起学生对计算机的学习兴趣。在进行鼠标练习的教学中，教师只进行简单的演示，而后给学生足够的时间，让学生利用"纸牌""扫雷"等游戏进行练习，在玩中练、练中玩，充分动手实践。在这期间大多数学生都找到了其中的小窍门和一些参数的设置方法，这时教师再进行小结并表扬这些同学，使他们有一种自己成功地获得知识的喜悦感和自豪感。

二、画图学习法

著名的教学心理学家赫尔巴特很重视兴趣在教学方面的作用，将其视为教学"较近的目的"，称其是达到教学最高目的的基础，也是培养德行不可缺少的步骤。有兴趣的学习能使学生注意力集中，积极思考，甚至可以达到深入其中的境地。喜欢自己动手是儿童的天性，我们可以由此入手，激发他们的兴趣，引导他们自己打开计算机学习的大门。

例如，在三年级刚开设信息技术课时，考虑到小学生对键盘上的字母还不是很熟悉，且对画画有比较浓厚的兴趣，所以可以从画图开始教学，这样可以激发他们的学习兴趣。通过计算机自带的画图软件，小朋友在不断练习中，不仅知道了各个工具的简单用法，同时也不知不觉地学会了鼠标的单击操作。在教学过程中，不一定要求学生将图画画得多漂亮，只要他们能够去画，都给予适当的表扬和鼓励。另外，还可以用键盘游戏来代替枯燥乏味的指法练习。这类游戏正是利用学生喜欢玩游戏的特点而专门编写的。它还有一个明显的优势就是有一个计分系统，在课堂上可以进行键盘操作比赛，既能提高学生学习键盘操作的兴趣，又能巩固对键盘基础知识的掌握。

三、"美图秀秀"法

学生的想象是天马行空的，小学信息技术课更是有利于培养学生的创新能力。我们要走出传统教学的误区，努力克服单纯传授知识的倾向，将对学生发散性思维的训练作为教学的重点，从而使学生思维的深刻性、批判性和创新性得以提升。而寻找出旧知与新知之间的联系和区别，既有利于教师突破教学中的难点，也能使学生轻易地掌握教学重点。因此，教师可让学生围绕问题自学、实践，充分挖掘学生自主解决问题的能力并培养其自主学习的意识。

例如笔者在教学"美图秀秀"专题时，在教授了一点点知识后，让学生自己操作练习。在巡回观察指导中发现，有少部分学生做得很优秀，虽然偏离了教学的设定，却打破了常规，表现出较强的创新能力。所以，我将其作品接到教师机上，供全班同学欣赏、评价，结果本来兴趣不高的学生，也都参与到新奇的制作中，制作出千奇百怪的作品，还时不时要求教师观赏他自己的作品。这一做法充分调动了学生学习的激情和内在潜力，也为其他同学树立榜样。

再如，笔者在教授"Windows的文件夹操作和文件夹属性设置"专题后，有意将学生之前课上建立的文件拷贝到一个隐藏的文件夹中，学生上机找不到自己的文件，笔者便适时地引导他们的思维向多个方向扩散，于是孩子们提出了很多设想，如被删除、重命名、复制到其他文件夹中后再删除源文件等，令人惊奇不已。笔者随即对他们的想法予以分析和肯定，并引导他们自己总结归纳。就是这样，课堂上教师不应吝啬表扬与鼓励，要适当地鼓励进步，帮助学生发现自己的长处，发挥自己的潜能，树立自尊和自信，使其兴趣盎然，充分发挥自己的想象力，创作出更具新意的作品。

四、自学操作法

实践是创新精神与自学能力发挥的集中体现，是训练自学能力和创新能力的最佳途径。教学中应给予学生充分的时间进行操作，强化学生自主学习的成功体验。在操作中，教师要解答学生提出的各种疑问并给予引导，满足各层次学生的需要，进而达到个性发展的目的。

例如"资源管理器"窗口与"我的电脑"窗口差不多，只是多了一个"所有文件夹"框，用它查找文件方便、直观、快捷。教学中让学生自己操作实践，找出"所有文件夹"框的作用。学生上机时，教师巡回指导，及时对学生进行提问、辅导、答疑，检查每一个学生实践操作的程度。对好学的学生，提供方便，放手让他们钻研下去。学生对教学内容不理解时，教师可以在教师机上演示给同

浅谈激发小学生信息技术学习兴趣的方法

学看，并让同学们讨论交流，一起归纳出"所有文件夹"的作用。

教学中的情感互动过程是师生、生生之间的情感交流过程。因此，教师在教学中要创设积极的情感互动情景，努力营造出一种轻松自由的氛围，用生动形象的语言来激发学生的情感。教师个人要充分流露出自己对所教学科的热爱，以此感染学生，这样利于学生在学习过程中保持相对积极和稳定的情感状态，乐于和教师或学习伙伴进行交流。

例如，在教授"Word软件图文混排"的时候，上课之初笔者先展示了自己制作的一张电脑小报，在上面列出了一些同学们感兴趣的话题，同时对同学们的学习提出了几点诚恳的期望和建议，可谓感情真挚、图文并茂，结果课堂的气氛特别活跃，课后许多同学还发给我他们精心制作的电脑小报。

小结

信息技术课教学应以学生为主体，以实践操作为核心，把培养学生的学习兴趣放到首位，并注意在教学导入、教学内容、教学方法等方面构造具有创造性的教学结构，充分挖掘学生的内在潜力，体现学生的主体地位，不断让学生体验成功的感受，使学生自主自愿地学习信息技术课，这样他们学习信息技术课的兴趣就能更持久。教师只能成为课堂的策划者、组织者、指导者、把关者，只能起指导、启发、达成共识的作用。教师应该留给学生更多的思维空间，不需要面面俱到。要让学生在更多的时间里去体验创新和自学的乐趣，让教学内容得到深化，同时也发挥学生的主动性，把其兴趣推向高潮，从而拓展他们的思维，培养他们的创新能力和自学能力。

观察学习法是美术课堂中的眼睛

重庆市渝中区大坪小学　张建平

摘　要：雕塑家罗丹曾说过："生活中不是缺少美，而是缺少发现美的眼睛。"由此可见，观察是一种能点亮生活的能力。如何才能发现最美的那个点？为此我们要做到以下三步：一、吸引，找到吸引你的事物；二、筛选，在众多感兴趣的事物中发现最具特色的那一种；三、联想，为什么会被它吸引？或是颜色或是造型让我们联想到其他东西，从而让我们心情愉悦。掌握这三步，我们才能做到观察美的同时又创造美。

关键词：观察；能力；创造美

以湘美版小学美术一年级上册第9课"撕纸添画"为例，本课的重难点分别是让学生随意撕纸，并对其展开联想，再对所撕彩纸进行合理添画，形成一个作品。这就要求学生对自己所撕的彩纸有一个全新的认识。如何认识？那就离不开全方位的观察。为此，在学生学习美术时，师生共同提炼了以下四步观察美术作品的方法。

一、联系生活观察法

在作画前，首先要明白自己要画什么，怎么画。既然是添画，那就先出示撕好的彩纸（见图1），让学生对它的外形进行观察。

观察学习法是美术课堂中的眼睛

图 1 撕好的彩纸

师：看看它的形状和生活中的哪些东西相似？赶快开动脑筋想一想。你们觉得它像什么东西？

如果学生们一时没想好，老师可以从外形或想象的感觉上进行引导，慢慢地，他们会在脑中将彩纸的外形与生活中的事物快速匹配，寻找最适合的答案并进行描述。若他们说这像裙子，我就会继续深入引导。

师：你的这个想法不错，它的外形和小女生的裙子特别像，很飘逸，但是和真实的裙子比起来，小纸块缺了一部分，这又该怎么办呢？

通过观察，学生会发现少了一半肩带，再继续观察，为了美观，还可以加上一些小花边。接下来，我就可以根据学生的描述，添画出一条完整的裙子。在添画之前还可以引导学生回顾之前的步骤：①撕；②想；③贴。最终完成下图（见图2）。

图 2 添画后的创意图

总结：添画上缺失的部分，再加上适当装饰，会让添画对象更完整。

为了巩固方法，继续向学生提问：除此之外你还能想到哪些东西？并请学生根据自己所说的答案，观察撕好的彩纸和自己所想的东西相比缺少了什么，描述应该添画哪些部分。最终总结出能画的东西很多，大致有实物、动物、人物、植物和风景，并出示相应的图片，从视觉上加深学生的印象。

二、创意添画观察法

绘制一幅画往往有多种方法，为了让学生的表现手法更多样，我便让他们观察以下三幅图（见图3），并提问：仔细观察，它们的添画位置似乎有些不同，谁来告诉大家，它们分别都在哪些地方进行了添画？

图3　撕纸添画创意图

通过观察，他们会说出：房子是在彩纸的下面画上了墙和窗户还有门；帽子是在纸的里面画了帽带和一朵小花；最后一张是在彩纸的外面画出了海水，彩纸里面画了椅子和人，就像一艘在海上行驶的船。

在学生通过观察说出关键点后，我再和他们一起总结出3种添画方法：①外部添画；②内部添画；③内外添画。学生自己发现和总结出的方法，往往更易内化成他们自己的东西，能更好地运用在他们的作品中。相比老师"填鸭式"的灌输，这一学习方法可谓事半功倍。

三、多维度观察法

有个词叫换位思考，运用在这堂课再适合不过。本课给学生的想象空间非常大，我们要想尽办法来打开他们的思维，只有打开了思维，才能让他们作品的画面更丰富，避免千篇一律，因此多角度观察就是一个不错的方法。首先，可让一两个学生上台来尝试，先观察这幅图像什么。接下来就不再像之前一样，由老师画，而是学生根据自己的构思，逐步添画完整，这样不仅能加强他们的理解，也能让我及时了解到他们的掌握情况，更能调动课堂氛围。最终，通过他们的描绘，黑板上可能会出现很多奇思妙想的画面。下一步，我们就可以提升难度，让学生左看看，右看看，横着看，竖着看，甚至还可以歪着头斜着看……经过不同角度的观察，学生的认知也有所不同。和刚才一样，也请学生上台来画，这样能充分激发他们的想象力和表现力，也能提高他们的熟练度。

四、欣赏观察法

以上步骤也只是完成了本课所要求的重难点，为了让学生的作品效果更好，我往往会让他们在绘画之前再观察其他的优秀作品，并说一说哪个地方最吸引人以及为什么。通过这样的方法，引导他们去发现别人作品的优点。每个人的喜好各有不同，多看优秀作品，也能提升他们的审美意识，让他们在之后的作画环节扬长避短，提升自己的画面效果。通过一系列的观察和实践，他们的作品变得更加妙趣横生，有高科技飞船和潜水艇，有张牙舞爪的老鼠和可爱的兔子，还有金黄的土地和五彩斑斓的台灯，充满着奇思妙想。（见图4、图5）。

图4　撕纸添画创意图

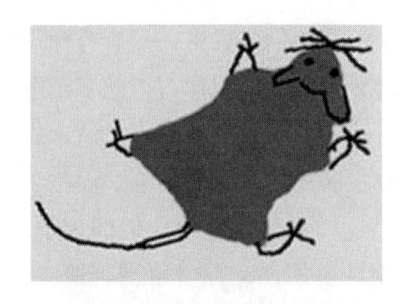

图 5 撕纸添画创意图

小结

美术课不仅仅是画画这么简单，我们更重要的任务是要培养学生的审美能力，这需要一个长期培养的过程，仅仅依靠课堂 40 分钟远远不够。但我们能做到的就是利用有限的时间，通过不断的观察和实践来培养和提升他们的观察能力，真正让他们掌握观察的方法，拥有发现美的眼睛。

合作学习：单丝不成线，多木才成林

重庆市渝中区大坪小学　张维娜

摘　要：体育课与其他课程一样，也有其固定的教学内容和学习方法。但体育课又不同于其他课程，它具有更广泛的活动空间和独特的学习方式。本文论述合作学习法在体育课中的运用，提出学生合作学习的指导思想，总结学生进行合作学习的方法。合作学习法能够显著地提升学生在体育课中的学习效果，并提高体育课的趣味性和学生团结协作的能力。

关键词：体育课；合作学习；学习方法

随着新课改的不断深入，新课程标准给当代的教育工作者提出了新的要求，教学中不仅要给学生传授知识，还要营造良好的体育锻炼氛围。因此，要想体现素质教育的基本要求，提升体育课堂的教育质量，使学生学会学习、学会生存、学会创造、学会健体，就要充分体现学生的主体性、主动性和创造性。

体育课的合作学习就是很好的学习方法，它可以激发学生的学习兴趣，充分调动学生的学习积极性，挖掘每个学生的潜力。同时，它又能指导学生互敬互学、公平竞争，并发挥集体的智慧，从而使每个学生在学习过程中获得成功的乐趣。在合作学习中，有以下几种方法。

一、小组分工学习法

在常见的合作学习方法中，学生经常采用小组分工学习法。以二年级教授盘脚踢毽为例，教师首先进行讲解示范，并且告诉学生在团队合作学习期间，团队成员的任务就是掌握教师在课程中呈现的内容，并帮助团队中其他成员掌握该运动技能。在一个小组中，每个学生的运动能力是不同的，因此掌握该运动技能的快慢也表现出差异，这使得掌握运动技能较快的学生可以帮助掌握运动技能较慢的学生。在此学习过程中，学生进行了有效的互动交流，并且对盘脚踢毽这项技术动作有了自己的认识。当然在此过程中，教师要进行巡回观察指导。在二年级体育课盘脚踢毽教学中，笔者先在课堂导入环节提出问题："同学们，你们知道踢毽子都有哪些方法吗？现在请同学们分组进行讨论。"小组讨论可以充分调动学生的自主学习积极性，大家各抒己见，学习氛围浓厚。

讨论完毕，笔者作总结："刚才同学们展示了多种踢毽子的方法，其中有同学展示了我们今天的学习内容——盘脚踢毽，那么我们就一起来学习盘脚踢毽这个技术动作。"笔者完成讲解示范后，提出下一步合作学习的要求："请同学们自己尝试练习，并说一说自己对这个技术动作的理解。"各组同学在小组长的带领下进行讨论与练习。紧接着教师组织学生一起讨论各自对这个技术动作的认识，并统一讲解这个技术动作的重难点。最后，各小组针对这个动作的重难点进行巩固练习。在这一过程中，每位同学的自信心与领导力都会得到不同程度的锻炼与提高，每位同学都可以成为小老师，不仅提高了体育锻炼的欲望，也树立起团结合作的精神。

二、小组竞赛学习法

在合作学习中，小组游戏竞赛法是最常见的，也是实效较好的一种学习方法。在游戏竞赛中，学生会与来自其他小组的成员进行竞争，小组成员只有共同努力才可能使本小组获得成功。所以在整个游戏竞赛中，学生会有很强烈的课堂主人翁意识，他们会更真切地意识到本节课的内容和他们息息相关。

在二年级轻物投远教学中，笔者用以下方式进行课堂导入：

"同学们,老师给大家准备了一个游戏,大家想玩吗?"学生听到游戏就很兴奋,对接下来的游戏内容特别期待。"同学们,今天我们的游戏是障碍接力赛,每个组都有一定的器材,我们在规定的范围内设计障碍,每个组都为对方设计障碍,接力赛用时最短的组获胜。"这时孩子们都会跃跃欲试,各小组会聚在一起商量战术,一起设计障碍。这在一定程度上培养了学生团结协作,与同伴沟通的能力。同时,这样的体育课是在一种轻松、融洽、欢乐的氛围中进行的,进而激发了学生上体育课的兴趣以及合作意识。

三、小组激励学习法

合作学习法一方面对体育教师的备课有着更高的要求,即必须对学生认知能力与身心状况更加熟悉,另一方面则要求教师在授课过程中对运动技能的练习密度与练习效果进行必要的把控,在尊重运动技能客观规律的基础之上让学生进行自主的合作学习。此外,要对学习效果显著的小组进行奖励,对学习效果不够明显的小组进行指引。如果奖励不够及时,那么小组合作学习的激励性就得不到彰显,反而会降低小组合作学习的效果,进而课堂秩序也达不到预期的效果。对学习效果不明显的小组所面临的问题,更要及时进行评价分析,使得这些小组成员在课下完成积极主动的思考。

四、结论

合作学习是体育课中用得最多的学习方法,通常是把学生分成学习小组,这样有利于学生在一个团体中共同学习、互助学习和矫正学习,有利于关照到小组每一位同学,有利于小组意见的高度统一,有利于形成各小组激励竞争的氛围。"四个"有利于,不仅使体育活动的密度大、效果优,而且充分发挥了小组成员的智慧。

"练玩学习法"，怡情强身

重庆市渝中区大坪小学　石　岩

摘　要：体育作为一门学科，与其他课程一样，也有其特定的教学内容和教学方法。但体育教学又不同于其他课程教学，它具有更广泛的活动空间和独特的学习方式。经过多年实践，笔者认为，把"练"与"玩"有机地结合起来，是提高小学体育教学质量的有效方法之一。

关键词："练玩学习"；团队自创；学习方法

小学中低段体育课采用"练玩学习法"，既能充分调动孩子身心锻炼的积极性，激发其参与学习的兴趣，又能达到怡情强体之目的。在日常课堂"练玩"学习中，可采用以下几种方法。

一、游戏接力学习法

小学生的情绪特点决定了在体育教学中应注重"练"与"玩"的结合。爱玩好动，是儿童的天性，小学生兴趣广泛，好奇心强，常常以直接兴趣为动力，这就要求体育教学应从学生的情绪特点出发，采取灵活多样的形式，寓教于玩。例如，在立定跳远一课中，组织学生进行兔子跳、青蛙跳的小游戏，分组进行单脚跳接力，这样既能增强学生参加体育活动的兴趣，又能在娱乐游戏中体现体育教学内容，让学生在"玩"中学，达到"练"的体育教学目的。又如，在讲授身体平衡技能知识后，将学生分成几个小组进行单腿站立、单腿跳跃、单腿跳接力等比赛，把"练"与"玩"结合起来。

这样既能吸引学生积极参加体育活动，又能使学生的运动量增加，达到运动负荷。

二、形象模仿学习法

在体育教学中应注重"练"与"玩"的结合，充分调动学生的内在动力，促使学生由"学会"向"会学"转化，启发学生想象力与创造性思维。例如，在立定跳远一课上，可先让学生通过想象模仿动物的跳跃动作，逐渐转化到立定跳远动作。在"练"中，学生互相讨论，教师加以点拨，最后总结出立定跳远的完整动作。同时，也可以在体育教学过程中适当穿插一些趣味游戏，以活跃课堂气氛，刺激学生运动神经。例如在教授动物模仿时，可播放一段欢快的乐曲，让学生尝试按着音乐节拍去完成跳跃动作。这些都能使枯燥、紧张的体育课变得生动、轻松，具有吸引力，提高学生参加体育活动的兴趣。又如，在低年级学生中进行躲闪能力训练时，可组织开展比较简单的"老鹰捉小鸡"游戏；到了高年级，则应组织带球躲人等难度大的躲闪游戏。

三、提问解疑学习法

小学生的接受能力决定了在体育教学中应注重"练"与"玩"的结合，从而消除课堂上的压抑感和沉闷感，让学生顺应天性、展现个性，使教学在轻松愉快的氛围中进行。因此，作为课堂气氛调节和控制主体的教师不仅要"教"得轻松、自由、活泼，还应给学生的"学"以更多的自由和主动权，让学生有时间独立地研究学习内容，发现和掌握科学锻炼的方法。例如，在学生讨论立定跳远时，教师应鼓励学生对练习中的问题大胆提问，师生心理相容，共同研究，平等自由地讨论。同时，教师要积极创造条件，让学生采用归纳、分析、比较、综合的方式，多层次、多角度进行思考。

四、明智养德学习法

小学生的成才需求决定了在体育教学中应注重"练"与"玩"的结合。体育教学的目的在于育人，这就要求在体育教学中体现出开发学生智力、发展学生个性、增强学生体质和培养学生思想品德这一目的，这需要教师的精心教导和学生的自我锻炼。"练"可以使学生明确体育课的目的、原则、方法。"玩"则可以促进学生消化理解教学内容，增强实践能力。同时，通过有目的地"玩"还可以发挥学生的潜能，发展其个性，增强其创造能力。

五、团队自创学习法

团队自创游戏、自创训练动作及形式是体育课必不可缺的一部分，是在教授某种体育运动规范后，由教师统一命题，提出运动量要求和锻炼目的，然后由学生自己设计体育活动项目，自己组织体育游戏活动。

"练玩学习法"通常有两种情况，一种是单纯的"玩"，即无要求无目的的"玩"，另一种是有要求有目的的"玩"，两种"玩"虽都以身体的运动为主要形式，但实际意义则完全不同。在体育教学中，要达到"练"的目的，学习小组可自创动作或形式来"玩"，以"玩"助学，以"玩"促练，也就是在"玩"的过程中要体现学习的内容。

但小组自创的动作或练的形式，仅是助练的一种兴趣手段。因此，体育教学中应采用"练"与"玩"结合的方法，必须注意分寸，把握尺度，要按照教学大纲要求和教学实际需要组织必要的"玩"，防止"玩"出问题。团队自创学习法，为体育学习营造了一个比较自由、宽松的环境，赋予了学生一些独立自主的权力，使学生可以根据主观愿望，运用已获得的基本知识和技能选择与个人爱好和体能相适应的体育活动，在活动中培养健康的情趣，锻炼坚强的意志。自创自练，往往能促使学生在速度、力量、耐力、灵敏、协调等方面全面发展，促进思维、判断、记忆等方面能力的增强，同时增强团队协作能力和团队精神。

总之，小学体育教学中采用"练"与"玩"相结合的方法，是指导低中段教学的有效方法，也是提高教学质量的必然选择。在体育课堂中坚守和完善"练玩学习法"，就能使学生兴趣盎然、怡情强身！

小学体育学法研究

重庆市渝中区大坪小学　冉欣鑫

摘　要：新课程标准注重以学生发展为中心，重视学生的主体地位，要求充分激发学生的学习积极性和学习潜能，提高学生的自主学习能力。在体育教学中应改变教师的教学观念，提高教师的专业素质，增强学生的主体意识，营造良好的课堂氛围，放权给学生，发挥他们的主体作用，培养学生的自主学习能力，改变教师角色和教学方法来提高学生自主学习的能力。

关键词：小学体育；问题；措施

一、传统体育教学存在的问题

传统的队列队形、徒手操已难以激发小学生的学习兴趣，不能满足现代小学体育教学需要，只有跳出旧的模式，带给他们新鲜的学习体验，才能激发其学习兴趣。学法指导是体育教师通过一定的途径对学生进行学法的传授和辅导，使学生掌握科学的学习方法，并且能运用于自己的身体锻炼中，逐步提高自学、自练、自评的能力。其最本质的要求是不仅要让学生有目的地参与，而且要主动地投入和亲身体验身体活动。

二、体育教学激发学生学习兴趣的措施

首先，教师的教学观念要转变，要提高自身的业务素质，打破陈旧的体育教学模式。传统体育教学模式中，学生是在教师周密的

计划及严密的组织下，被动完成任务，缺乏自我目标，缺少思考、探索问题的余地，主动参与的意识不强，更说不上自主学习能力的培养。

在现代体育教学中，我们可以将多种竞争激烈的游戏，活力四射、韵律感强的健身操等编排到课堂的开始部分，借助音乐和师生互动，使学生不仅愉快又充分地活动开身体，而且调动学生学习的兴趣，变"要我学"为"我要学"。然而，学生的运动兴趣易激发也容易转移，它会随时空变化而变化。如果教法单一、讲解不够生动、示范不优美，学生的学习兴趣就会逐渐消退。为此，教师要把握学生兴趣消退的时机，及时变换教学形式，以保持"新鲜感"。

"成功感"是激发学生学习兴趣的催化剂，对其学习兴趣的产生和保持起到促进作用。如果在教学中忽视运动技能的提高，总是在简单重复低水平的运动技术动作，就会使学生丧失对体育学习的兴趣。学生在运动技能的学习上有成就感，就会树立体育学习的信心，同时也能认识到自己存在的不足，有自己赶超的目标和继续学习的动力。

在小学一年级体育"大步走"课程的教学过程中，通过师生互助学习，虽然大多数学生能够完成大步走的技术动作，但是还不能走成直线。为了解决这个问题，我想到了一个办法，在场地上用胶带给学生打好标记，让他们在胶带上面练习大步走。一年级学生对在胶带上行走非常感兴趣，加强练习后，再把胶带撕掉，他们就更容易在场地上走成一条直线了。

针对自主学习要解决的问题，学生要结合教师的示范动作、学习资料和学生课前收集到的各种信息进行自主探究式学习。在这个过程中，既要突出学生的主体地位，又要发挥教师的主导作用，让学生根据自己获得的信息进行整理加工并尝试练习。当学生想不通或者思路错误时，教师可以旁敲侧击，也可以为学生设计一系列的问题，引导学生通过这些问题找出解决方案等。例如，在学习徒手操时，教师可以提前告诉学生下一堂课要学习的内容，还可以把各个动作的名称告诉学生，让他们根据名称想想动作，并思考在做动作时会遇到哪些困难，怎么做才更美观等问题。课上，教师先对学生完成的各类动作进行点评，指出问题所在，并进行示范，学生再据此改进自己的动作。

团队合作是社会发展的需要，就体育本身而言，不论是双人运动还是多人运动都需要彼此的信任和配合才能真正地完成，才能体现体育的价值和精神。在课堂上，教师要给学生营造合作学习的氛围。根据学习内容的不同，可引导学生组成相应的学习小组，相互观察、相互帮助、相互纠正动作、相互学习。这一过程不仅可以提高学生的观察能力、组织能力、社会交往能力等，而且可以提高他们发现错误、改正错误的能力。例如，在让学生做"编花篮"的游戏时，学生通过自主探究发现，"编花篮"要三人以上的团队才能完成，如果在团队中有一个人技术动作不对，就不能完成"编花篮"，所有人必须相互信任、相互帮助，这样才能使游戏继续下去。

总之，在具体的教学过程中，对学生学习成就感的培养是具体的、复杂的，有待教师不断总结、研究。一旦学生体会到成就感，其学习效能就能大幅提升，从而使教学工作能更好地开展。

参考文献：

[1] 王爱英. 学法指导在体育教学中的应用 [J]. 读写算（素质教育论坛），2013（01）：51.

[2] 孙民治. 现代篮球高级教程 [M]. 北京：人民体育出版社，2004.

词曲表意学习法在小学音乐课堂中的运用

重庆市渝中区大坪小学　熊浩辰

摘　要：著名教育家苏霍姆林斯基说过："对美的感知和理解，是审美教育的核心，是审美的要点。"小学的音乐课堂应该是属于儿童审美的课堂，对美的感知和理解永远保持一颗童心，也是有效教学设计的重要前提。小学音乐教育作为美育的重要组成部分，其特质就是情感审美，这就决定了音乐教育的根本方式是以情感人，以美育人。

关键词：审美感知；美育；音乐课堂

音乐的本质是以情感育人，每首乐曲总是带有浓厚的感情色彩。因此，在学生感受乐曲优美的旋律及歌词时，要让学生亲自参加创作动作、表演、演奏等大量活动中，直接去感受音乐之美。

整个小学阶段的音乐欣赏要求侧重于感官和感情的欣赏，基本上属于对音乐的感性认识。怎样才能提高儿童的感受能力呢？在欣赏课中运用"选择"的方法是可取的。比如欣赏《跳圆舞曲的小猫》（管弦乐）时，为了帮助儿童捉住"猫"的音乐形象，可以在黑板上画出几种叫声差异明显的动物，如"狗""猫""鸡"，让儿童根据声音去选择。另外还可以应用"选择字词"的方法，引导学生在一定范围内展开想象，这样既可较好地使学生经过自己的体会与感受，选择准确的词表达乐曲的情感，又可降低教学难度，调动学生的学习兴趣。比如，教师写下与"情绪"相关的词（把字词写在卡片上），包括"活泼""抒情""欢快""优美""紧张""激烈"等，在欣赏音乐时，请儿童恰当地选择上述字词来表达音乐的情感，抒发自己的感受。

小学低年级音乐教学常用到以下几种方法。

一、猜想谜底学习法

儿童求知欲很强，往往表现在对事物的好奇上。根据这一心理特点，教师可在音乐欣赏中用悬念构成动力，也就是先给学生一个"谜"，让他们产生多种猜想，并急于听音乐来证实自己的想法。比如欣赏《羊肠小道》(《大峡谷组曲》之三）时，教师先在黑板上画一条弯弯曲曲的线。这莫名其妙的线会立即引起学生的注意，他们脑海中会出现各种猜想：这到底是什么？是"蛇"还是"小河"？这样就吸引了学生的注意力，他们的心理活动就指向了欣赏的对象。

二、旋律表意学习法

低年级儿童活泼好动，注意力不易集中，但自我表现意识很强，特别乐意表现自己。教师要抓住这个特点，在欣赏音乐时让音乐刺激听觉，产生印象，就会使他们很自然地进入角色。比如欣赏《龟兔赛跑》时，随着音乐节奏的变化、旋律的起伏，儿童会做乌龟爬、兔子跳的动作，以体验音乐的情感。但在学生进入角色前，教师应向学生介绍动物的个性特点，以帮助儿童准确地把握角色。

三、视觉联想学习法

音乐作品中所表达的内容与情绪，只有在欣赏过程中才能感受到。由于儿童知识面窄，特别是低年级儿童的思维带有形象性的特点，他们不易理解作品的内涵。根据这个特点，欣赏音乐时运用直观教具、图像，通过视觉形象的联想，可以促进儿童对作品的理解与感受。比如欣赏《可爱的动物》时，狮、猫、马、蜂等音乐形象与动物形象同时出现，就能把听觉与视觉结合起来，促进儿童音乐思维的形象化，有助于发展其音乐感受力。

四、音乐形象学习法

音乐能否表现物体的色彩？这是音乐欣赏心理学上一个饶有趣味的问题。首先可以肯定的是，音乐形象能引起欣赏者对某种色彩的联想。比如欣赏《四季的歌》（器乐演奏），当"冰场上"的音乐出现时，那欢快、优美的圆舞曲描绘了溜冰场上青少年尽情驰骋的画面，学生头脑中就会出现银白色的色彩。有的学生能把已经感受到的色彩用画笔、线条勾画出来，如他们用绿色代表大地苏醒、万物生长的春天，用红色表示炎热而茂盛的夏天，用金黄色把果实累累的秋天展现在眼前。这些五彩缤纷的画面，使音乐与色彩相映成趣，融图画与音乐为一体。

五、感知想象学习法

音乐欣赏是一种将听觉与联想、想象相结合的特殊的认识过程。"联想"是一种心理现象，它发生在两种不同但又有相似因素的事物之间。音乐是听觉的艺术，听音乐时，往往会使我们联想到听觉以外的事物，这就是联想的结果。而想象是创造性的心理活动，它与联想密切相连，它们是培养儿童创造性思维的基础。在音乐欣赏教学中要充分发挥学生的主动性，启发他们对音乐的丰富的想象力，引导他们准确地体验音乐情感。由于作品的音乐表现手法不同，欣赏过程中的联想与想象活动也以不同的形式表现出来，大体可以分为以下三种类型：

（1）由描绘性（造型性）音乐所引起的联想，如《百鸟朝凤》《可爱的动物》等就属于这样的音乐。当然，描绘性音乐作品不是单纯用模拟手法来写景，而往往是情景交融的。

（2）由情节性音乐所引起的联想。由于音乐与文学内容的联系，有些音乐的标题就暗含一定的情节，如《龟兔赛跑》《彼得与狼》等。对这类音乐的欣赏，应以文学、戏剧的内容以及乐曲的标题及文字说明为根据。学生在欣赏过程中的联想就成为连接音乐与情节的纽带。

（3）由音响感知与感情体验所引起的自由想象。有些音乐反映现实所采取的主要手段不是描绘性的，也不是情节性的，而是抒情性的。作者以音乐来表达自己对现实生活的主观感受，抒发感情，学生则凭借对音乐的感知来展开想象活动，体验作品所表现的情感。

综上，运用词曲表意学习法，欣赏不同的音乐，那种欢快的感受将洒落在儿童的心窝里，宛如一群活泼轻盈的小精灵，绕梁三日，余音不绝！

小学音乐课堂的学法指导

重庆市渝中区大坪小学　陈柚攸

摘要：音乐教育是小学教育的一个重要组成部分，对陶冶儿童的情操，培养儿童的心灵美起着积极的作用。音乐教育要把激发学生的学习兴趣贯彻到教学始终，对低年级学生以节奏、音准训练为主，并适当进行识谱教学，让学生在节奏、律动中感知音乐的美。

关键词：音乐课堂；小学音乐

音乐教育是小学教育的一个重要组成部分，其目的是提高民族的音乐文化素质。音乐教育对于培养学生德智体美劳全面发展有着重要的作用，不但可以培养学生对音乐的感受力、鉴赏力、表现力和创造力，也能培养学生优良的品德和情操，还能使他们的智力得到发展，当今社会，随着科学技术的飞速发展，教育方面对新一代人才素质提出了更高的要求，对音乐教育提出了新的挑战。在音乐教学中，加强学法指导，使学生学会自主学习，是音乐教育的新趋势，是落实音乐素质教育的一个突破口。笔者从事小学音乐教学已有四年，现就小学音乐的学法谈以下几点体会。

一、要尊重学生的个体发展

（1）严格按新课改的要求，构建高效课堂。要以小组合作学习的方式，把课堂交给学生，让学生真正成为课堂的主人，充分发挥他们的主观能动性，把他们对音乐的理解和感悟充分发挥和释放。简言之，一节好的音乐课应在完全没有压力的情况下完成。

（2）鼓励学生对音乐大胆评论。鼓励学生评论音乐是放飞学生想象，引导学生走进音乐殿堂的有效途径。学生参与音乐评论是一种很好的学习方式，尽管有时其观点与所谓的"标准答案"不同，但其参与的过程也是一种很好的收获。

（3）支持学生对音乐展开"奇异思维"。每个学生的音乐认知与感悟水平会存在差异，生活、学习环境的不同，也造就了学生有各自的"奇异"体验，这本无可非议。关键是，教师要有正确认识，要把学生的奇异思维定格为学生在不同年龄阶段、不同认知水平、不同学习生活环境中得来的，从"奇异"到"和谐"是一个必然过程。

（4）允许学生在聆听中"有感而发"。音乐欣赏是音乐体验的过程，也是一个"三度"创作的过程。要努力让学生成为一个"有充分自由"的人。创作需要灵感，而在音乐欣赏中学生的创作灵感不会随着教师施教的节奏而相继出现。教师只有允许学生随时"有感而发"，才足以体现"以人为本"的教育实质，才能更好地促进学生的全面发展。

二、要提倡学科综合教学

（1）音乐教学的基本形式要考虑听与唱的结合。要考虑听与动的结合，要尽可能地考虑通过综合性音乐活动，让学生在乐中学，乐中做，激发学生热情参与，增强学生对音乐的体验。

（2）音乐教学在内容上要充分考虑学科内部知识点的综合及与其他学科的综合。要将音乐欣赏与知识、技能的学习融合在一起，要将音乐技能的培养与学生的学习信心、合作意识、创造意识等培养结合在一起，丰富课堂学习内容，激发学生学习音乐的兴趣，促进学生对音乐整体感知能力、音乐综合能力的提升。在新课改背景下，我们对音乐学科的定位是以审美教育为主的、大文化教育背景下的技能学科，归根到底，它的美更多的还是建立在音乐技能基础上的。

三、要坚持以评价核心促发展

（1）要以"音乐教育生活化"为理念，以"快乐参与"为主线，提出课外音乐闲暇活动与课内学业评价相融合的评价策略。要形成"以评价促发展，以参与促提高"的小学"快乐音乐"学业评价，将音乐学习与评价有机地结合在一起，将课堂音乐学习与课外音乐活动有机地结合在一起，激发学生学习音乐的兴趣与终身学习的愿望，有效地促进了学生的个性发展。

（2）要重视"人文化"的理念。要改变以往"重技能、轻人文"的评价模式，突出过程教育，建立多元化的评价格局。要把音乐参与、音乐知识与技能、合作与创造等作为专项评价内容，并强化"成功教育"。要优化评价结果的呈现方式，采用模糊性等级（优秀、良好、一般、须努力）、星级评定及激励性评语作为终结性结果的呈现方式。

因此，小学的音乐课堂要以唱为本，把学生的主动权还给学生，让学生主动参与学习，自由发挥，从而使学生的学习状态生动活泼。如果学生出现偏差，有不恰当之处，教师适当指导一下，并且范唱一下，力求在教师的帮助下，让学生自己领悟，自己歌唱，最后能有感情地演唱歌曲。教学实践是无止境的，教师要不断摸索，根据教学目标和学情状况，选择适当的教学方法，在课堂教学中不断实践创新。

浅谈图式法在小学低段数学学习中的应用

重庆市渝中区大坪小学　陈武强

摘　要：本文主要针对小学低段学生在数学学习尤其是"解决问题"模块存在的困境，在查阅相关文献后，结合《义务教育数学课程标准》的要求，提出应用图式法这一学法，并结合教材具体题型进行了深入分析，主要包括画大括号、线段图、情境模型图，以期对小学低段学生的数学学习起到正向作用。

关键词：图式法；小学低段；数学学习

《义务教育数学课程标准（2011版）》把小学数学原先的"双基"改成了"四基"，增加了"基本思想"和"基本活动经验"，同时也提出了"四能"，即发现问题、提出问题、分析问题和解决问题。在总目标中也提出了问题解决。这充分说明解决问题是小学数学学习的一个重要方面，值得一线教师和专家学者研究。然而对于小学低段学生来说，解决问题是非常困难的，除了一年级学生识字量不大的因素外，主要原因还在于不能准确理解题意，部分理解有偏差，遗漏关键数学信息等。笔者对此进行了深入思考，在查阅大量文献的基础上，认为图式法对于小学生解决数学问题有很大帮助，尤其是厘清题目的信息，呈现解决问题的思路。杨姝（2013）认为，画图策略是学生根据所揭示的数学问题内涵，采用画图的方法，把抽象问题具体化、直观化，从而解决问题的策略。画图策略是解决问题的常用方法，是"数形结合"思想的具体体现。

图式法在小学低段数学学习中的具体应用包括画大括号、线段图、情景模型图等，下面分别予以说明。

一、大括号

在小学一年级的数学教材中，一开始主要是以真实的图像呈现题意，小学生可以通过识图、计算、数数的过程解决问题。随着真实图像的消失，小学生理解抽象的文字表述有一定难度，需要采用较为直观的方式给小学生呈现题意，比如画圆圈、三角形等替代图形。但这一方式对于数字较大的对象并不适合，这时需要采用画大括号的方法，体现题中的等量关系。例如：一班有 30 名男生，有 25 名女生，一班一共有多少名学生？对于这样的问题，可以画图如下（见图 1）：

图 1　大括号图式

学生需要理解的是大括号上方表示部分数，也就是一班分成了男生和女生，而大括号下方表示总数，也就是一班的总人数。这样一个简单的大括号图式，把这道题的等量关系呈现出来了，使学生可以直观看出其中的已知条件与问题，有利于其更好地解决问题。根据问题的不同，还可以把问号调整到大括号的上方，求部分数。通过系统的练习，学生可以根据不同的问题灵活应用大括号，分析要求的是部分数还是总数，简单高效地分析问题和解决问题。

二、线段图

在一般单一等量关系的问题解决中，通过画大括号的方式就可以呈现题意，但是在连续问题的题型中，有双重等量关系，这时就需要采用新的图式——线段图。比如：一班有男生 30 人，女生比男生少5人，一班一共有多少人？这道题中的等量关系有"男生人数－5＝女生人数""男生人数＋女生人数＝总人数"。低段小学生对于抽象的文字表述难以理解，因而需要画线段图，直观地呈现题中的等量关系，画图如下（见图2）：

```
男生 ├────30人────┤
                  ┊少5人  }？人
女生 ├───────────┊
```

图2　线段图

从图2中可以清晰地看出男生人数和女生人数的等量关系，男、女生人数与总人数的关系。通过在课堂中引导学生读题、画图、列式、解决问题，帮助学生分析图中的关系，理解每一部分的含义，学生可以更加深入地理解、思考，提升解决问题的能力。学生在日常学习中坚持采用画线段图的方法分析问题、解决问题，把做题思路清晰地呈现在草稿纸上，加深理解，也可为以后高年级的学习奠定基础。

三、情境模型图

对于一些特殊的问题，用大括号和线段图都不能恰当地表达，只能用类似的情境图式表示出来，比如小学低段数学教材中常见的3类问题：间隔问题、锯木头问题、楼层问题。这些问题都需要小学生画实际的情境图才能理解，以下笔者分别展开叙述。

1. 间隔问题

例如：工人叔叔在公路的一旁栽树，每隔5米栽一棵树，请问第1棵树和第7棵树之间有多少米？

正常情况下，很多小学生会直接列式5×7，结果自然是错的。这时需要启发学生画情境图，画图如下（见图3）：

```
       5米
    ┌──┴──┐
 ┌─┐ │    │    │    │    │    │ ┌─┐
 │1│─┴────┴────┴────┴────┴────┴─│7│
 └─┘                            └─┘
```

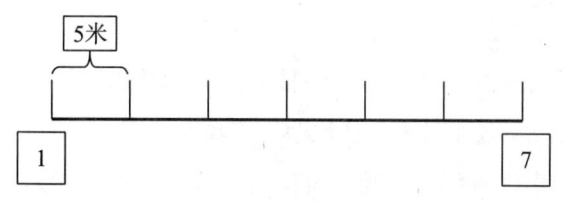

图3　情境模型图1

从图3中可以清晰地看出，第1棵树和第7棵树之间有6个间隔，也就是6个5米，列式为5×6=30（米）或者6×5=30（米）。在教学中，还可以启发学生思考："×棵树之间有几个间隔？""第3棵与第5棵树之间有几个间隔？"在不同的问题中，可以把树换成旗杆、气球等不同的事物，但是本质是一样的。通过这类系统的专题训练，小学生便可以掌握这种画图方法，提高自己的数学思维能力。

2. 锯木头问题

例如：把一根木头锯成2段需要5分钟，锯成8段需要几分钟？

很多小学生初看这道题觉得难以理解，不知怎么下手，实际上是学生忽略了生活中的这个情境。此时，教师需要启发学生思考："锯成2段需要锯几次？"

再思考："锯成8段需要锯几次？"画图如下（见图4）：

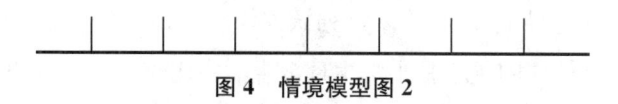

```
├────┼────┼────┼────┼────┼────┼────┤
```

图4　情境模型图2

从图4中可以清晰地看出，锯成8段需要锯7次。锯成2段需要锯1次，也就是5分钟，锯成8段需要7个5分钟，7×5=35（分钟）。由于锯木头的生活情境在生活中比较少见，通过画图可以帮助学生理解锯木头的时间是和锯的段数有关，木头的段数和锯的次数有关，借助画图还原生活情境，帮助学生理解抽象问题。

3. 楼层问题

例如：每层楼高3米（忽略楼层之间的楼板高度），小明家住8楼，小明站在客厅时离1楼地面有多高？

很多小学生看到这种题，直接列式 $3\times 8=24$（米）。出现这样的错误是因为惯性思维，对此，应该引导学生画图（见图5），通过画图理解小明的实际位置。

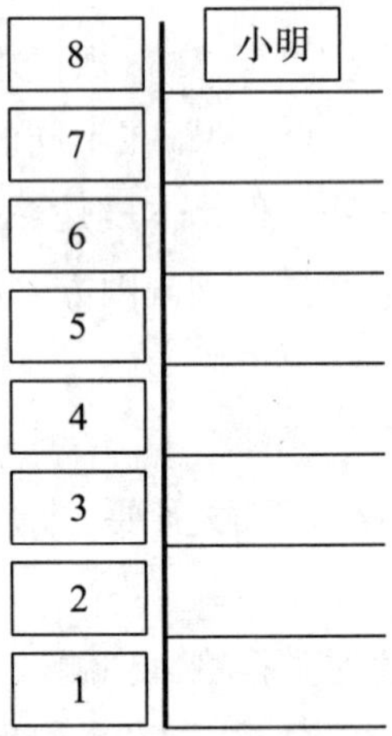

图5　情境模型图3

从图5中可以清晰地看出，小明离地面的高度是7层楼，每层楼是3米，也就是7个3米，列式 $7\times 3=21$（米）或 $3\times 7=21$（米）。这种楼层问题也是小学生日常生活中比较容易忽视的，因而在数学学习中需要重视图式法，通过画实际情境的模型图，帮助其理解抽象的文字表述，建立与生活的联系。

小结

图式法是数学学习的一种重要方法。对于数学思维还在形成期的小学低段学生来说，用画图的方法帮助理解抽象的文字表述，是非常实用的一种学法，既顺应了小学生的心理发展特点，又对小学生自身解决问题的能力有一定的提升，同时也为高年级的数学学习奠定了基础。

参考文献：

　　[1]杨姝."画"出来的精彩：浅议画图策略在小学数学中的应用[J].小学教学参考（综合版），2013（09）：48.

小学语文低段识字法探析

重庆市渝中区大坪小学　庹胜兵

摘　要：根据部编版教材的编排，小学低段学生入学先学习识字，再学习拼音。刚入学的孩子往往识字基础较弱、启蒙教育不够，使得教师教学存在一定的困难。一般情况下，教师会运用较多的识字方法帮助孩子识字，需要孩子主动掌握识字方法，灵活运用多种方法去识字。这样可以让孩子的起步学习变得更有自信，学习方式更加丰富。本文主要探讨小学语文低段学生识字的几种常用方法。

关键词：识字方法；学法指导；生活识字

根据教育部召开的全国小学语文识字教学交流研讨会的材料统计，我国有名称的识字教学方法多达40余种，其中影响较大的有集中识字法、分散识字法、注音识字法、韵语识字法、字理识字法等。学者从不同层面对识字教学做出了较多的研究，具有一定的普遍意义。但从部编版教材的角度来看，对生活识字的研究较少。根据部编版教材的要求，学生应该掌握多种识字方法，认识更多的生字，阅读更多的文章。课标要求"认写分开""多认少写"，要求学生会认更多的汉字，培养学生的阅读能力和提取信息的能力。

识字对于小学低段的学生而言尤为重要，识字教学是小学第一学段重点学习内容。识字是阅读的基础。如何让学生掌握识字方法以便更好地自主识字成为教师关注的重点问题。学生在掌握字形、字音、字义等方面都是难题，不同的学习方法能够帮助学生从不同方面掌握学习生字的方法。部编版教材在识字编排上，充分考虑到学生掌握不牢、容易混淆和忘记的学习现象，在集中识字和字理识字的基础上增加了许多新的识字方法，以便学生在学习时能够选择一种自己喜欢的识字方法去认识汉字。课标要求：培养学生对汉字以及汉字学习的态度和情感，有主动识字的愿望，初步感受汉字的形体美，有意识地帮助学生培养独立识字的能力。学习重在方法的掌握，突破识字方法的学习，有利于学生阅读、写作，从而更好地学习中国传统文化，探索汉字的奥秘。

一、猜字谜识字法

一年级的孩子尤其喜欢猜字谜和读儿歌，因此可以根据儿童身心发展规律，从儿童的爱好出发，激发其学习兴趣。教师可用猜字谜的方法让学生去猜字。如：部编版教材一年级上册语文园地一中的识字加油站的"一片两片三四片"，简单的汉字，由易到难，学生愿意去猜，同时也激发了学生对汉字学习的兴趣。在识字编排上，部编版教材要求在有趣的情境中认识象形字，感受汉语的音韵特点。有趣的象形字加上有趣的字谜，让学生更愿意去发现汉字的美。在猜字谜的过程中，让学生多动脑筋，并给予适当的鼓励，能够调动学生的积极性。学生猜字谜时，会学会分析汉字的字形，认识每个字的特点，会仔细去听字谜中的每一个字，联想自己认识的字，逐渐积累更多的汉字。从猜字谜出发，学生主动参与，每抓住一个谜底就会认识一个字谜，再让孩子把这个字谜讲给同学和家长听，学生通过记忆自己去说字谜，就能够认识和记住更多的字。教师在识字学习中不断运用猜字谜的方法，学生既能够积累更多的字谜，又能认识更多的汉字。

二、儿歌、故事识字法

部编版教材中有很多儿歌，孩子们学习一个个汉字后，继而学习读儿歌，慢慢积累之后，会更愿意听儿歌。到小学中高段时，还可以师生共同运用一个生字去创编儿歌。编儿歌需要孩子有一定的汉字积累量，这样的识字方法能够帮助孩子主动识字。可每周举办一次创编儿歌的分享会，让更多的孩子参与其中，在交流中孩子们可以听到更多的儿歌。教师把优秀的儿歌汇总，最后让孩子们一起阅读自己创编的儿歌。在这一过程中，教师应根据学生的年龄特征和汉字的构字特点，让学生用联想去发现汉字的造字原理，汉字的字音、字形和字义。

小学低段的孩子特别喜欢听故事。故事中常常会用许多生字，孩子又想去听这些故事，所以可能出现孩子不认字的情况。在孩子困惑的时候，他们就需要回记一些识字方法帮助识字。故事识字法是孩子学习汉字最喜欢的一种方式。小学低段儿童富有好奇心，让他们把抽象的汉字组合成一幅幅画面和生动的故事，有时一个汉字编一个故事，既考验孩子的发散性思维，激发孩子的创新意识，又能扩大孩子的识字量。

三、字形识字法

在小学一年级，学生接触到的第一个识字单元就是象形字，这不仅有助于学生从汉字起源入手认识汉字，也能使学生了解传统文化，增强文化自信。

①象形识字法。"日月水火"等图文对照的象形字，能让学生认识象形字的产生和演变。通过汉字演变的视频，直观生动地介绍象形字，让学生认识到古人的智慧，从古人的智慧中传承象形识字法。低年级的学生形象思维强，让学生看着象形字，他们能够尝试根据字形去猜一猜字，并联想到古人的造字法。

②会意识字法。会意字对于小学低段的孩子来说，相对容易掌握。教师可以勾画生字表中的会意字，让学生掌握这一类汉字的特点。对于会意字，也可以用表演的形式来加强记忆。

③形声识字法。低段学生对于形声字的掌握不太多，形旁表意、声旁表音的特点，需要学生掌握字义和字音。这是对汉字有一

定基础后可以灵活运用的方法。形声字能够帮助孩子较快记住字形和理解生字的字义。此外，形声字还能帮助学生认识同一类的生字。

四、熟字识字法

当学生有一定的识字量后，学生可以灵活运用一些识字方法。熟字识字法应运而生。从自己已掌握熟悉的汉字中去联系生字。学生积累自己已经认识的汉字对照新的汉字，运用同音字、形声字的方式去认识新的字。教师在识字教学中，经常用到"加一加、减一减"的方法让学生自主识字。加笔画、偏旁和部首。例"一"，可以拓展到"二、三、十、土、王"；"目"可以减成"日、口、一"。学生常用加偏旁、减笔画等方式认识生字。根据熟悉的汉字的偏旁也能认识生字。例"江、河、海"同部首"氵"；"请、清、情"同部首"青"。学生可以用熟悉字的不同方式去识字。熟字识字法是低段学生认识生字的常用方法之一。

五、生活识字法

生活识字法，借助生活，联系生活，注重规律的总结和能力的培养，符合儿童的认知心理，促进儿童逻辑思维能力的发展，学生在日常生活中对汉字进行学习和运用的过程中，自然会沉淀于汉字中的历史、文化、思想、情感、思维方式等内涵，增进自身的人文修养和综合素养。

学生除了校园学习，最重要的生活场所就是广阔的社会生活。在这个大环境下，举目抬头就可以认识生字。广告牌、超市、医院、商场等各种场所都能认识生字。无处不在的汉字需要如何有效地识字还是需要继续探索。从留心观察、随时随地的识字着手。首先，有兴趣去发现汉字。当学生看到一个汉字和词语时，要主动去观察汉字。观察这个汉字在什么地方发现？这个地方周围有什么？人们怎么称呼这个字？把观察到的这些资料汇总在一起分析汉字的读音和字义。其次，用纸和笔记录下这个字。无论你是否掌握这个生字。从字形入手，写下汉字，综合这个汉字的字形去认识这个字。然后，寻找汉字。从此处认识一个字，当自己无法确定读音和字义时，带着笔记本再从生活中的其他地方去寻找这个字。寻找得越多，理解起来就越容易。这样的方式既是认识生活，又是一种从生活入手识字的好方法。过程虽然稍微复杂一些，但对于学生而言这是一种极大的收获。最后，把自己记录的汉字整理成一个笔记本。用查字典等方式理解生字的音形义。如此识字，既来源于生活，又运用于生活。此外，学生还可以运用自己学习的知识去辨析广告招牌中的错别字，由此，不但学生能积累更多的汉字，增大识字量，而且还让他们发现了汉字在生活中的美。

总之，当学生真正掌握了多种识字方法，每天主动识字，愿意去发现汉字的奥秘，把识字当成一种习惯，这是一种最理想的学习状态，所以关注学生的学习方法尤为重要。因此，我认为：教无定法、学有方法。

参考文献：

[1] 中华人民共和国教育部. 义务教育语文课程标准（2011版）[M]. 北京：北京师范大学出版社，2011.

[2] 郑霜燕. 部编版教材低段识字教学新角度之猜字法 [J]. 教育观察，2019（14）：101－103.

[3] 郭旭斌. 小学语文识字方法探究 [J]. 课程教育研究，2019（39）：44.

小学低段散文学法探究

重庆市渝中区大坪小学　王　梅

摘　要：本文基于小学低段语文课堂教学，探讨散文的学法。以课堂教学具体环节为依托，尝试探究各环节里学生怎么学才能和执教者一起以文本为依托，立足并超越文本，放飞想象，进行补白和练笔，提升学生综合素养。

关键词：朗读；学法探究；识字；想象

教育部课程教材研究所研究员崔峦老师曾经说过：散文的教学应该多读，读出画面，抓住散文的神。读是学生领悟散文所蕴含情感的最佳途径。教师要以文本为依托，立足并超越文本，引导学生放飞想象，进行补白和练笔，提升学生综合素养。

低年级的学生往往并不懂文本体裁，分不清记叙文、说明文、议论文、散文，更不懂一篇文章应该怎样去学习。如若教师在教学过程中潜移默化地教会学生学习方法，学生们的学习便能事半功倍。本文将用部编版小学语文一二年级的课文来探究小学低段散文学法。

一、课前预习要充分，一边读一边识字

学习活动举例：学习《荷叶圆圆》。

（1）自己读词语。

（2）再一起走近迷人的荷塘，和同桌交流看到了怎样的荷叶。

同桌讨论：圆圆的，绿绿的，大大的……

生：荷叶圆圆的，绿绿的。（教师指导学生多读，读出作者对荷叶的喜爱。）

学法探究：

学法之一：想象美景、读出画面。

崔峦老师曾经说过，散文的教学应该多读，而不是分析画面，是读出画面。因此，在学习一篇散文之前，学生不仅要学习用叠词来修饰要描写的事物，更要一边读一边想象那满池的荷叶是那么圆，那么绿，让自己也身临其境，爱上这个初夏的美景。同时，此句为本文的第一自然段，又与课题相照应，在学习的时候亦需思考其在文中的重要性。

二、读准字音，读通句子，理清文章脉络

学习活动举例：学习《荷叶圆圆》。

（1）自读课文，找找谁喜欢荷叶，它们把荷叶当作什么。用横线画出来。

（2）交流：谁喜欢荷叶？（师：让我们一起请出它们。将小水珠、小蜻蜓、小青蛙、小鱼儿的图贴在黑板上。）

（3）随文巩固识字"珠"。

（4）他们把荷叶当作什么？

（师：根据发言，贴上摇篮、停机坪、歌台、凉伞的图片。）

（5）随文巩固识字"摇""停机坪"。

学法探究：

学法之二：从整体入手，理清文章脉络。

材料丰富、思路灵活是散文的主要特点之一，阅读时我们要着眼于文章的整体，注意理清内部的相互关系。通过反复朗读课文《荷叶圆圆》，抓出文中出现的小动物，就会看出本文按总分结构用三个自然段分别把荷叶比作小蜻蜓的停机坪、小青蛙的歌台和小鱼儿的凉伞。随后继续思考小蜻蜓、小青蛙和小鱼儿这三种动物与课文的中心"荷叶"有何关联。

三、随文分享识字方法，读中感受语句之美

学习活动举例：学习《树和喜鹊》。

（1）根据生字表在文中圈出生字。

（2）借助拼音读准生字的读音。

（3）和同学们交流识字方法，想一想"子"字旁的字还有哪些。

（4）多读句子，说说自己的感想。

学法探究：

学法之三：以加、减、换、理、形等方法识字。

一二年级的语文学习以识字、写字为重点，在学习过程中，同学们一定会遇到很多不熟甚至不认识的字。课堂上，同学们要积极分享自己的识字方法，在讲与听的过程中就能记住很多新字、新词。以"孤"字为例：

第一，它是一个左右结构的字，可以用加一加的方法记住它——子+瓜=孤。

第二，它是一个"子"字旁的字，"子"做部首时可以表示和孩子有关的事物。

第三，和同学交流，"子"字旁的字还有孩、孙、字、学、孔等。

在学习的过程中积累识字方法：加一加、减一减、换一换、字理识字、字形识字……正所谓"读书百遍，其义自见"，在遇到不认识的字时，甚至可以多读一读生字所在的句子，根据这个句子的意思来猜一猜这个字的含义。

第四，从语言文字中感受语句美。"孤单"一词的意思是什么？虽然我们不能直接说出这个词语的意思，但是我们可以反复读课文，通过联系上下文，我们知道了在第一自然段里有："从前，这里只有一棵树，树上只有一个鸟窝，鸟窝里只有一只喜鹊。"从三个"只有"和三个"一"我们可以想到树很孤单，是因为只有它一

棵树，没有其他的同类，正如那唯一的一只喜鹊一样，它们没有依靠，孤零零的，感到非常寂寞无聊。把一棵树当作人来写，小朋友们也会带入自己的个人情感，想到家里只有一个人的时候是什么感觉。因此，在反复的诵读、赏析中抓住散文的神韵，有助于了解事物表达的信息，以阅读激发情趣，寻求散文之美。

四、边读边想，感悟作者所抒之情

学习活动举例：学习《找春天》。

一边读一边勾出自己觉得写得很好的句子，思考这些句子可以让你想到哪些画面。（学生交流）

本文是一篇语句优美且极具童趣的散文。散文的突出特点就是情景交融，散文中的情是作者的个人感情，散文中的景是客观存在的自然风物。学习时可以通过朗读抓取文中景物的特点，寻觅作者蕴藏于字里行间的情感，一边读一边想象，体会情景交融之妙。

学法探究：

学法之四：感受情景交融之情感。

想象是思维的核心，是创新的前提。散文教学中，多给孩子们留点想象和创造的空间，可以激励他们再创造。

本文把春天当作一个小姑娘来描写，把小草比作眉毛，把野花比作眼睛，把嫩芽比作音符，把小溪叮叮咚咚的声音比作琴声。随着一次次的诵读和理解，孩子们脑海中定会浮现出其他有意思的画面，如：一群小鸟在天空中盘旋，叽叽喳喳地叫着，那是春天的什么？池塘里游来游去的小鱼，那是春天的什么？一朵朵盛开的桃花，那是春天的什么？……这样的想象空间是作者留给读者的。孩子们在学习的时候可以将自己想到的画面大声表达出来，也可将所思所想写下来，这样的学习便是以文本为依托，立足文本且超越文本的。

五、小结

有实效性的散文教学能够激发学生的审美情趣，提升学生的语文素养。有效的教学手段与学法结合起来的散文教学课堂能够成为师生借语言文字进行情感交流的快乐平台。

对于小学低段的孩子来说，要形成上述阅读思维，必须经过一段长期的训练。万丈高楼平地起，我想，只要每天垒一块砖，迟早有一天会为孩子们垒砌出一座高楼。

小学中段语文
概括文章主要内容的学法指导

重庆市渝中区大坪小学　李红博

摘　要：学会概括文章的主要内容，能帮助学生又快又准确地领会作者的写作意图，把握作者所要表达的情感。通过题目扩展补充、提炼关键词语、段意串联法、抓要素等方式，能帮助学生更好地概括文章的主要内容。

关键词：小学语文；概括内容；学法指导

文章的主要内容是指一篇文章主要讲的是什么。只有掌握了文章的主要内容，才能正确理解作者记叙的事件及所要抒发的情感，领会文章的中心思想。概括能力是一项重要的阅读能力。《义务教育语文课程标准》对各学段学生概括能力的培养做了具体要求（见表1）。

表1　各学段学生概括能力要求表

第一学段	能认真听别人讲话，努力了解讲话的主要内容。 听故事、看音像作品，能复述大意和自己感兴趣的情节。 能完整地讲述小故事，能简要讲述自己感兴趣的见闻
第二学段	能初步把握文章的主要内容，体会文章表达的思想感情。 能复述叙事性作品的大意，初步感受作品中生动的形象和优美的语言，关心作品中人物的命运和喜怒哀乐，与他人交流自己的阅读感受。 听人说话能把握主要内容，并能简要转述

续表1

第三学段	在阅读中揣摩文章的表达顺序，体会作者的思想感情，初步领悟文章基本的表达方法。在交流和讨论中，敢于提出自己的看法，做出自己的判断。 阅读叙事性作品，了解事情梗概，能简单描述自己印象最深的场景、人物、细节，说出自己的喜欢、憎恶、崇敬、向往、同情等感受。阅读诗歌，大体把握诗意，想象诗歌描述的情境，体会诗人的情感。受到优秀作品的感染和激励，向往和追求美好的理想。 阅读说明性文章，能抓住要点，了解课文的基本说明方法。 听人说话认真耐心，能抓住要点，并能简要转述

整体来看，小学各阶段语文教学中，概括能力是学习语文所必需的能力。特别是小学中高段语文教学中，教师一定要运用各种方法培养学生抽象概括的能力，能让学生对已学的知识进行广泛的迁移，让学生更好地掌握已学知识，为新知识的学习打下基础。根据小学中段语文课文内容，结合概括主要内容的训练任务，小学中段语文概括文章主要内容的方法有以下几种。

一、关键句表意法

每篇文章中，作者为了表达中心意思往往会使用一些关键句，以突出表现文章的内涵。这些关键句，或揭示了文章的中心，或抒发了作者的情感，或概括了文章的内容，或暗示了文章的思路，我们可以抓住这些关键句来概括文章的主要内容。

例如《索溪峪的"野"》一文，我们发现这篇文章在写法上很有特点，每段段首的句子是这一段的关键句，能概括出这一段的主要内容：山是野的；水是野的；山上的动物当然更是"野"性十足了；在这样的山水间行走，我们也渐渐变得"野"了起来。所以，我们筛选出每一段的关键词来概括这一段的段意：山野、水野、动物野、游客野。文章的主要内容就是每一段段意的集合。所以，本文的主要内容可以概括为：文章描绘了索溪峪的山野、水野、动物野、游客野的独特景象。

由此可见，根据一些文章的特点，我们可以筛选出语段中的关键句，有的语段中有或总领或总结的概括性中心句，有的语段中会有针对核心话题的核心陈述句，把它们连接起来就可以简洁地概括文章的主要内容了。

二、段意合并法

很多文章没有典型段落，也没有关键句，其主要内容是由几方面的内容罗列而成的。这时我们可以先将文章根据内容分成几部分，再在每部分内容里提取关键句，归纳出这一部分的大意，最后合并每部分的大意，概括出整篇文章的主要内容，这种方法称为段意合并法。

如《詹天佑》一文，主要有这几部分内容：詹天佑是我国杰出的爱国工程师；詹天佑不怕困难，也不怕嘲笑，毅然接受了任务，马上开始勘测线路；铁路要经过很多高山，不得不开凿隧道，其中居庸关和八达岭两条隧道的工程最艰巨；詹天佑顺着山势，设计了"人字形"线路；京张铁路不满四年就全线竣工了，比计划提早两年。结合文章的主题和中心思想，把以上段意串联起来，文章的主要内容可以概括为：詹天佑为了维护祖国的尊严而勇敢受命。他创造性地开凿隧道，设计"人"字形线路，使京张铁路提前两年竣工。

段意合并法是最为常用的概括主要内容的方法。这种方法可以较全面、简洁地概括出文章的主要内容。在运用这种方法概括主要内容时，不能简单、机械地罗列内容，一定要结合文章的中心思想，这样才能概括得更准确、全面。

三、要素串联法

概括写人、写事文章的主要内容，以上两种方法就不适用。这时我们可以抓住写人、写事文章的特点来寻找概括主要内容的方法。写事文章的特点就是通常都有时间、地点、人物、起因、经过、结果等六大基本因素，我们抓住这些要素，就可以提取出一些关键词。因此，概括这些文章的主要内容时，我们只要把这几个要素弄清，用词语串联起来，就能得到这篇文章的主要内容，这就是要素串联法。

如《穷人》一文，主要人物是：桑娜、渔夫、五个孩子、西蒙、两个孩子。主要事件：渔夫和妻子桑娜主动收养已故邻居西蒙的两个孤儿。本文主要内容可以概括为：一个风雨交加的夜晚，渔夫和妻子桑娜在自己生活很贫困的情况下，主动收养已故邻居西蒙的两个孤儿的故事。

要素串联法适用于写人、写事文章内容的概括。在运用这种方法概括主要内容时，要注意语言的组织。尤其在概括事情经过的时候，可以抓住文章关键词，力求简洁。

四、题目扩展补充法

题目是一篇文章的眼睛，透过题目我们能捕捉到很多信息。题目扩展，即在原来题目的基础上增加一些修饰性的词语，比如谁、怎么了、结果如何等。把题目所要表达的意思用一两句话描述出来，使题目更加具体，便可以快速概括出文章的主要内容。

如《和时间赛跑》一文，作者是知名作家林清玄。这篇文章的题目点出了文章最主要的内容和思想，可以采用题目扩展补充法来概括这篇文章的主要内容。如：谁和时间赛跑？结果如何？通过提示，我们知道是小时候的林清玄和时间赛跑，养成和时间赛跑的好习惯。用这种方法概括文章的主要内容，简单易操作，效果突出。

学会概括文章的主要内容，领会作者的写作意图，快速读懂一篇文章非常重要。我们可以结合课文内容及表达上的特点，尝试运用以上几种方法，不断练习，达到阅读概括能力的提高。

参考文献：

[1] 中华人民共和国教育部. 义务教育语文课程标准（2011版）[M]. 北京：北京师范大学出版社，2011.

[2] 林崇德. 学习与发展[M]. 北京：北京教育出版社，1992.

自主提问学习法在语文课中的新范式

重庆市渝中区大坪小学　刘琼蔚

摘　要：本文以学习课文《一面五星红旗》为例，介绍在小学语文教学过程中，学生如何通过自主提问学习法（包括自读、自悟、互问的学习方法）的运用，自觉自主地参与到教与学的过程中去。

关键词：自主思考；自主提问；自主解疑

我一直都在推行学生自主提问学习法，力求让学生懂得自己该怎么去学习。纵观我们自己的学习过程可以发现，学习的关键还是在于自身，所以自主提问学习法的运用，能够开启学生学习的新征程。《一面五星红旗》一课的学习，就是学生进行自主思考、自主提问、自主解疑的新范例。

一、自主提问学习法的初步尝试

在这之前，其实我已经进行过一些初步的尝试。在预习过程中，我会让学生对文章的题目提问，当他们提到与课文内容相关或者是有助于他们理解课文的问题时，我都会给予肯定并把这些问题写在黑板上，供大家一起解决。在他们逐步适应课前自主提问的方法后，我尝试着提升这种课前提问进行的难度。在《一面五星红旗》这节课前，我提高了预习要求：

（1）不是只针对文章的题目提出问题，而是对课文进行整体阅读以后提出问题。

（2）可以自己尝试解决自己提出的问题，也可以和其他同学一起讨论解决。

（3）可以查阅与文章相关的资料，以帮助你进行提问和解答。

这样做能大大地提高同学们对于课文的熟悉度，并为后面成为课堂的主体做了有效的铺垫。

二、自主提问学习法之在合作中释疑

开课前，我首先会让同学们四人一组进行小组讨论，解答自己提出来的问题以及向小组内同学展示自己已经解决的问题，并分类汇总；然后将本小组不懂的问题和已解决的问题展示出来（这样做的目的在于培养他们分析、解答以及归类的能力）；最后同学们得出了以下一些尚无法解决的问题：

（1）一面五星红旗有什么用？

（2）我出去漂流带着五星红旗干什么？

（3）为什么老板宁可要那面五星红旗，也不要我的新大衣？

（4）为什么老板要无偿给予我帮助呢？

顺着孩子们提出的问题，我尝试着在旁边引导第二个问题：

师：同学们，你们知道五星红旗是我们中国的什么吗？

生：国旗。

师：是的，国旗代表中国，也代表着游学在外的游子心中的祖国，那么祖国可以为他们带来什么？

生：带来力量、勇气。

师：是的，作者背着这一面五星红旗也带给了他力量和勇气。在文中哪些地方可以读出作者需要国旗带给他力量和勇气呢？

通过这样的引导，同学们就可以对文章的第一部分进行阅读归纳，认识到漂流运动是一项很危险的运动，作者也在这次漂流中遇到了危险，进而去体会这一面五星红旗为作者带来的勇气和力量。

三、自主提问学习法之在追问中得到升华

当谈到第三个问题时，作为引导者的我提出了以下几个疑问：

师：作者和老板有几次交流？交流的内容是什么？

生：他们进行了两次交流。

生：第一次是作者想用自己的大衣跟老板交换面包，老板不同意。

师：在这里你有什么疑问吗？

生：老板为什么不同意？

师：对呀！老板为什么不同意，这明明是一件大衣？

生：是一件新大衣。

师：为什么会在这里强调这是一件新大衣呢？不知道没关系，我们接着看第二次，说不定看完以后你就知道了。谁来说说第二次交流了什么内容？

生：第二次是老板想用他的面包跟我换五星红旗，我却不同意。

师：奇怪了，在这个时候作者又不同意了，不同意的原因是什么？

生：国旗代表着自己的国家。

师：是的，国旗在作者心中就是自己的祖国，怎么能因为自己需要一点面包就拿自己的祖国去换呢？

师：这里出现了老板没要新大衣的原因了，谁看出来了？

生：这面做工精致的五星红旗，经过河水的冲洗，依然是那么鲜艳。

师：这么厉害！藏得这么深都看到了！新大衣对于一个面包店老板来说没什么，但是这样一面做工精致的五星红旗却很少见，比起新大衣，这面五星红旗更吸引他。

像这样，学生借助自己的问题，加上我适当的引导，能够很快将文章的第二部分理解得非常棒。

四、自主提问学习法之在理解中揭示文章中心

第四个问题，老板最后为什么无偿地给予我帮助呢？

这一部分，我让他们自己去读去品，并且要带着语气去读。他们读完之后，结合前面的学习，知道了面包店老板被作者的爱国精神感动同时也感受到面包店老板乐于助人的优秀品格。

这时我又回到了同学们提的第一个问题上：一面五星红旗有什么用？

师：一面五星红旗有什么作用？

生：代表着自己的祖国。

生：代表着做事的勇气。

生：代表着前进的力量。

生：代表着友谊。

……

师：一面鲜艳的五星红旗是那么美丽，是那么动人，她不但把我们每一个中国人紧密地联系在一起，也把我们中国人和各国的友人紧密地联系在一起。

在这一课的学习中，教师做到了适当放手，学生做到了有效学习和思考，不仅能清楚、恰当地表述自己的疑问，还能提出富有思考性的问题，在潜移默化中增强逻辑能力和独立思考的能力，同时也训练了语言表达能力和创新能力。

自主提问学习法是我在语文教学中探索到的一个基本学习模式。这种方法不仅能让学生主动去学习知识、提出问题，而且还做到了真正意义上的"让学"。这样的教学思想我虽"始于初心"，但最宝贵的还是"成于坚守"！

建构学习方法，提高学生学习力

重庆市渝中区大坪小学　刘韵雯

摘　要：学法是指学生学习的方法。与学生一起探寻"学法"，是真正提升学生学习能力的关键。这需要教师关注学生的学情，培养学生的问题思维，充分激发学生的学习兴趣，让学生在实践中主动探索学习方法，并感知不同学法所带来的奇妙学习感受。

关键字：学法；问题；实践

学法是指学生学习的方法。教法则是指教师教学的方法。从教法到学法的转变，是把课堂的重点从教师的教回归到学生的学，既是对学生学习能力的充分关注，也是对学生学习主动性的积极探索。

一、关注最近发展区，注重学习方法

学生的学习往往是建立在原有认知的基础上。教育学家维果斯基曾提出著名的"最近发展区"理论。他认为学生的发展有两种水平：一种是学生的现有水平，指独立活动时所能达到的解决问题的水平；另一种是学生可能的发展水平，也就是通过教学所获得的潜力。两者之间的差异就是最近发展区。教学应着眼于学生的最近发展区，为学生提供带有难度的内容，调动学生的积极性，发挥其潜能，超越其最近发展区而达到下一发展阶段的水平，然后在此基础上进行下一个发展区的拓展。也就是说，唯有教学内容刚好在学生现有的认知上深入发展，既有基础性又有挑战性，方能达到理想的教学效果。

而在教学实践中,我们往往忽视了对学生学情的关注和把控,一味地输出并不能真正让学生学习,只有抓住学生的"最近发展区",才能抓住学生的学习兴趣,让学生主动地探寻学习方法。例如在教学"分数的初步认识"一课时,我设置了同学们熟悉的分月饼情境。通过对"整数平均分"的复习,学生对当天要学的知识有了一个心理准备。紧接着,推出无法平均分成整数的情境,让学生产生认知差异,激发出学习兴趣,从而顺利地引入了新知"分数的初步认识",并且通过新旧知识衔接,学生在探寻学习方法时也能自然地想到借用"整数平均分"的相关内容。由此可见,做好课堂中的"准备练习",也就为学生的学习打下了坚实的基础。当我们帮助学生从旧知中找到学习新知的突破口,这样的学习方法无疑为他们后续的学习打开了便捷的通道。

二、把握问题的关键,找到学习方法

对于小学生而言,问题是驱动他们探索学习的主要动力。巧妙地设置问题,既能充分调动学生的数学思维,又能培养学生积极设问、主动思考的学习精神。一直以来,学生数学问题意识和数学设问能力的培养得到了普遍关注,如何培养学生发现问题、提出问题的能力,是值得教师深入思考的问题。

作为教师,我们只有在了解学情的基础上,从学生的角度去思考、去提问,才能把握关键,帮助学生找到学习的突破口。例如在教学"乘法的初步认识"一课时,我们可以首先把自己当作学生去提问:当加数逐渐增多时算起来是不是有点麻烦?有没有更简便的方法?如果用乘法应该怎样列式?乘法又是怎样计算的?它和加法究竟有什么区别与联系?像这样把学生可能提出的问题一一列出来,这节课的教学重点和难点也随之跃然纸上。同时,在课堂上我们也能轻松地带领学生自己提出问题,并通过问题的层层推进突破学习难点,和学生一起探究正确的学习方法。同时,在这个过程中更是培养了学生主动质疑、乐于提问的数学学习习惯。

三、在基于兴趣的学习中提炼学习方法

数学是一门可以激发学生深层次思维的学科。教学实践表明，课堂教学要想训练和提高学生的思维能力，就要给学生提供必要的时空平台，让他们自主建构知识系统。事实上，也正是在这样的课堂时空中，学生的已有体验才能得以激发，才能自主探索，合作互动。兴趣也是学习的关键，学生只有对课堂产生兴趣，才会主动参与，积极探索，让学习兴趣得以真正的产生。《义务教育数学课程标准》也提出："倡导学生主动学习，在多样化、开放式的学习环境中，充分发挥学生的主体性、积极性与参与性，培养探究解决数学问题的能力，提高创新意识和实践能力。"

教师要和学生一起参与到学习方法的探索中来。首先要打造多样化、开放化的学习环境，为学生营造出爱学、乐学的课堂氛围。一是在课堂适时地创造学习情境，让学生产生浓厚的兴趣，主动地参与进来。如在教学"数字编码"一课时，我利用学生刚经历的"双十一购物节"，打造出一个收寄快递情境，立即激发出学生的参与感，牢牢地抓住了学生的学习兴趣，把学习过程成功转移到了学生自己手里。二是教师应鼓励学生积极思考，勇于探索。还是这节课，当学生体会了编码的意义后，我就放手让他们自己为全班每一名同学进行"编码"，如 341、30401、20160401，通过激烈的讨论交流，同学们最终统一了最优化的方法，而这一过程，就是他们基于兴趣主动探索、相互学习的过程。可见，在课堂中应给予学生充分的时间和空间开展讨论，不为学生设限，让他们在相互交流中产生思想的碰撞。教师只需适时地引导优化，便不仅能让学生轻松地掌握学习的方法，还能让他们感受到学习的无穷乐趣。

四、在操作实践中运用学习方法

数学是一门具有逻辑性和抽象性的学科，也是人们解释客观世

界的工具。数学与我们的生活息息相关，学生要掌握数学学科的学习方法，离不开在客观世界的实践和探索。同时，小学生因为其年龄特点喜欢动手操作，通过亲身经历也能更好地理解数学知识的意义，把握数学的学习方法。

这就要求教师在教学中要和学生一起感知和探寻数学知识产生的过程。当学生从动手操作中获得直观的生活体验时，我们便能和他们一起归纳出学习方法。例如在教学"轴对称图形"一课时，学生首先通过观察和实践，发现对折后左右两边"完全重合"的图形是对称的。再通过动手操作，在"剪出轴对称图形"这一环节，发现找到对称轴是关键。整节课上，学生通过自行探索和体验，在实践中充分经历感知、操作和总结归纳的过程，使得数学知识不再是晦涩和抽象的概念，让数学学习变得简单有效。更重要的是，学生在这个过程中获得了探索知识的方法，提升了学习的综合能力。

总的来说，我们要把课堂还给学生，把学习还给学生，让他们在自己的认知起点上尽情探索，实践总结，形成方法。而这样的过程是教师无法替代他们完成的，也是课本无法传授的。对于学法的研究，使我们的教学理念不断更新和进步。师生共同建构学习方法，是提高学生学习力的一种优质方式。在学法研究中，我们要力求保持正念，向光而行！

参考文献：

[1] 张春兴. 教育心理学 [M]. 杭州：浙江教育出版社，1998.

[2] 中华人民共和国教育部. 义务教学数学课程标准（2011版）[M]. 北京：北京师范大学出版社，2011.

[3] 柳冠军. 激发参与热情　打造"学讲"课堂 [J]. 数学学习与研究，2018（22）：62.

小学数学植树问题课堂教学学法指导
——以"两端都栽"为例

重庆市渝中区大坪小学　雷　正

摘　要："植树问题"作为小学数学广角解决问题的重要内容，属于数学最典型问题之一，具有渗透小学数学新概念、新思想、新方法等特点。在实际教学中，若教师没有很深入地去挖掘适合学生的学习方法，就会使课堂教学耗时多、效率低，很难达到预想的效果。本文主要是以植树问题（两端都栽）课堂教学为例，站在学生的角度去分析实践，总结课堂教学学法指导，并以此促进教师课堂教学的反思以及学生核心素养和综合能力的培养。

关键词：学法指导；植树问题

植树问题是人教版小学数学五年级上册的内容，其在教学建议中明确指出：要学会放手引导学生经历解决问题的全过程，重视知识的迁移和转化。随着课程改革的不断推进，以植树问题为例的自主探究式教学逐渐成为关注的重点。

在实际的教学过程中，对于植树问题这一数学广角内容，存在着教师不重视，没有去挖掘植树问题教学的深度和广度，忽视了对学生学法的指导等问题。目前的教学方式多以教师讲授为主，学生缺少参与互动，课堂气氛不活跃。教学开展离不开学生的学法，学生才是课堂的主体，所以我们要善于发现和总结植树问题中学生的学法，这样才能更好地促进学生核心素养和综合能力的提高。那如何在新课程标准下的数学课堂中体现以学生为中心，以学生学法为主呢？下面就结合植树问题分享我的经验。

一、感知体验法

植树问题主要分为三种类型，即"两端都栽""只栽一端""两端都不栽"。很多教师可能会选择从情境入手或者直接入手教学，这样学生后续可能就会反映出一个共同的问题，那就是虽然能找到规律，也能跟着教师的进度学习，但是参与度较低，学习效果不佳。

感知体验法是指学生亲自参与知识的建构，亲历过程并在过程中体验知识和情感的一种方法。

植树问题需要感知什么呢？那肯定是"间隔"。下面以植树问题（两端都栽）为例进行课堂实例展示。

师：同学们都有一双灵巧的小手，里面蕴藏着有趣的数学知识，想不想了解下？

生：想。

师：请举起你的右手，并将五指伸直，张开，数一数，5个手指间有几个空格？

生：有4个空格，因为两个手指间只有一个空格，5个手指间就有4个空格。

生：我还发现4个手指间有3个空格。

师：是的。在数学上，我们把这个空格叫作"间隔"。你发现手指数和间隔数之间有什么关系了吗？

生：我认为手指数减1就等于间隔数。

生：我认为间隔数加1就等于手指数，还有手指数减间隔数刚好等于1。

师：厉害啊！给你点赞！生活中"间隔"到处可见，你知道生活中有哪些间隔吗？

生1：树之间就有间隔。

生2：桥墩之间也有间隔。

生3：街灯之间也有间隔。

……

二、信息剖析法

在解决数学问题的过程中会遇到各种"信息"，对于这些信息，学生要学会"收集"和"剖析"。很多学生在小学阶段的学习中，会感觉教材的内容是复杂化的，有时候题目读完了还会感觉到有很多地方不清楚。种种表现说明要加强学生剖析问题及提炼信息的能力。那么在植树问题中如何剖析信息呢？

课堂实例展示：

在全长100米的小路一边植树，每隔5米栽一棵（两端要栽），一共要栽多少棵树？

师：你收集到哪些数学信息？从这道题中你剖析出哪些关键信息？

生1：我剖析出的信息是，全长100米，就是总的长度100米。

生2：我剖析出的信息是，每隔5米栽一棵树，是树与树之间的间隔距离，称为间隔长度。

生3：还有一边植树，就是一侧。

生4：还有两端都要栽，而不是一端栽或者两端都不栽，这些都要注意。

……

三、发散猜想法

数学课堂需要学生的猜想，尤其是对于植树问题这一类复杂的问题而言。教师在植树问题的教学中要利用好发散猜想法，培养和激发学生的创新意识和猜想能力，最终提高学生的数学素养。

课堂实例展示：

师：同学们大胆猜想一下一共要多少棵树？

生1：我猜想是20棵树。

生2：我猜想是21棵树。

师：那你们是如何猜想得来的呢？想听听你们的方法，好吗？

生1：我猜想是这样的：100÷5＝20（棵）。我是直接利用题目中的条件再结合自己的分析计算出的。

生2：我猜想是这样的：100÷5＝20（棵），20＋1＝21（棵）。我认为20是间隔数，20＋1才是棵数。

……

四、探索验证法

猜想是小学数学课堂中很多教师会采用的教学方法，但只有猜想却不加验证，那只能称之为空想。很明显，在上面的植树问题中我们得到了两种猜想结果，这时我们一定要展开验证，去发现并寻找解决问题真正的方法。

课堂实例展示：

师：我们来验证一下这个猜想是否正确。那大家可以通过怎样的方式进行验证呢？

生：我们可以通过画图进行验证。由于100米太长，我们选择其中一段20米进行画图分析。

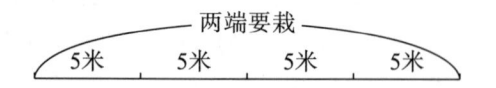

我们通过画图就能得到：20米有4个间隔，但是要栽5棵树。由此可以得到：总长100米，间隔5米，间隔数为20个，棵数为21棵。

……

五、归纳类推法

数学是一门逻辑性很强的学科，在数学的教学中，各类知识的衔接非常紧凑，因此在学生掌握了要求掌握的知识后，教师一定要抓住机会，培养学生迁移类推的能力，引导其探究新的学习方法和新的知识内容，这样的课堂教学才能事半功倍。因此，对植树问题完成猜想和验证，学生也理解了解决这一问题的方法后，我们要借助这个机会进行归纳和类推，拓展思维，总结出解决这一类问题的规律和方法，这样的学习才会有更好的效果。

课堂实例展示：

师：不用画线段图，如果这条路长30米、35米……又应栽几棵树呢？请同学们拿出学习纸，填写表格。

师：大家有什么发现？请先归纳总结，再进行交流。

生：我是这样填写的（展示表格）。

路总长度/米	间隔长度/米	间隔数	棵数
30	5	6	7
35	5	7	8
40	5	8	9
n	5	$n \div 5$	$n \div 5 + 1$

生1：我发现间隔数加1就等于棵数。

生2：我还发现总长度除以间隔长度就等于间隔数。

很明显，围绕植树问题这一教学内容，学生先联系实际生活进行感知学习，再剖析信息，对植树问题进行猜想与验证，紧接着根据猜想和验证进行归纳类推，自己总结出间隔数加1就等于棵数，总长度除以间隔长度就等于间隔数等方法。最后，教师可再设计一些"闯关练习"进行巩固训练。总之，把课堂还给学生，让教师去引导，让学生主导课堂，这样的课堂才是我们需要的课堂。

参考文献：

[1] 张朴. 提高小学数学小组合作学习有效性的技巧 [J]. 阜阳职业技术学院学报, 2014, 25 (04)：95-96.

[2] 裴显钱. 新课程下自主、合作、探究模式的历史教学实践 [J]. 考试 (教研版), 2008 (01)：84-85.

在美术课归纳学习法中发展出学习"线表现力"的三种方法

重庆市渝中区大坪小学 韦 钰

摘 要：所谓归纳法，是在认识事物过程中所使用的思维方法。将归纳法应用于美术学习，即通过收集和积累一系列事物经验或知识素材，分析基本性质和特点，寻找出其中的基本规律或共同规律，从而具备艺术欣赏能力和不断创新的能力。

关键词：美术课程；感知线条；归纳学习法

九年制义务教育阶段，美术课程的价值是发展学生的感知能力和形象思维能力。在课程体系中，大多数课程都是建立在抽象符号的基础上，而美术课程就需要让学生更多地接触实际事物和具体环境，不断累积生活经验，通过总结归纳激发新的变化，从而发展学生的感知能力，向思维提供丰富的营养。

为培养学生的感知能力和形象思维能力，我在美术课堂的实践探索中，发现在"造型·表现"学习领域里，归纳学习法是适合学生的有效学习方法。我以湘教版小学美术三年级上册第5课"线的表现力"为课例，从归纳学习法中发展出几种常用的学习方法。

一、感知线条法

"老师带来了一幅中国画——宋代李公麟作品（见图1），观察这幅作品，你有什么感受呢？"

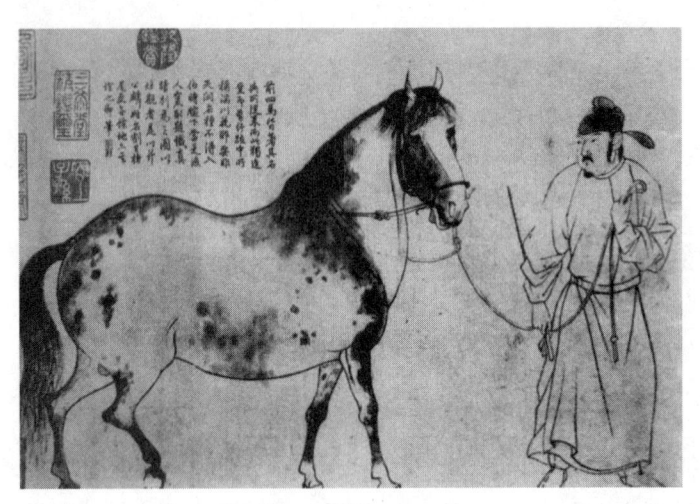

图 1　宋代李公麟作品

"用线描的形式画了一匹骏马。"

"画家用看似简单的线条，就勾勒出马的轮廓造型，表现出马毛油亮的质感，太生动了，连牵马的人物也是用线描的方法把服装褶皱都表现出来了。"

线条作为一种基本的造型语言，存在于现实生活和美术作品中。本课属于"造型·表现"学习领域，重点在于引导学生通过美术欣赏来感受线条作为一种造型语言的基本特性和功能。课上，学生能体会到画家用线条传神地表现了马匹、人物。紧接着，带领学生走进大自然，在发现美的同时，感受线条多样的魅力。

云南元阳梯田（见图2）：疏密有致的田埂，是层层排列的"曲线"，时而环绕，时而伸展。

在美术课归纳学习法中发展出学习"线表现力"的三种方法

图2 云南元阳梯田

斑马（见图3）：全身布满条纹，不知是黑底白纹还是白底黑纹，充满了神奇。

图3 斑马

国家体育馆（见图4）：线与线交织的网状结构如同孕育生命的"巢"，它更像一个摇篮，寄托着人类对未来的希望。

图 4　国家体育馆

学生通过观察和感受自然界的形色美、节奏美、韵律美和线条美，从中归纳出我们就生活在线与线交织的世界，线条无处不在。

二、赏析线条法

"生活中我们最熟悉的线条是直线，你思考过直线带给我们哪些感受吗？"

水平线具有平和、安定、静止的感觉。

垂直线（见图5）给人庄严、挺拔、高洁、希望、正直的感觉，例如高耸挺拔的石柱，给人庄重威严的感觉。

在美术课归纳学习法中发展出学习"线表现力"的三种方法

图5 垂直线

"除了直线，还有什么线呢？"
斜线（见图6）会给人变化、运动、紧张和不安的感觉。

图6 斜线

自由的曲线（见图7）则显得活泼、柔美。

95

图 7　曲线

由此归纳出：不同的线条给人的感觉不一样，可以说，线条的运用是绘画中表达情感最简便、最直接的方式。

三、灵动线条法

先引导学生欣赏绘画大师对线条的运用，从中学习在美术创作中以合适的线条表达个人情感的方法。再让学生合理运用线条，创作一幅美丽的线条画作品，以此培养学生从生活中发现美、感受美进而创造美的能力。

"画面运用了什么线条？"

"大胆猜猜画家传递的心情？"

"长短不一的线条，感觉月亮正在散发着光芒，天空中的小星星也都在转动呢。"

"很梦幻的感觉，像在童话世界里。"

"一层一层的曲线排列得很整齐，给人很舒服的感觉。"

……

与学生一起总结得出：

梵高的《星空》（见图 8）中，弯曲的长线和破碎的短线使画面呈现出炫目的奇象，展现了作者真实又虚幻、安静又躁动的情感。这位荷兰著名画家用具有运动感的、连续不断的、波浪般急速流动的笔触，自由地抒发内心情感，形成了强烈的绘画风格，深深影响了很多艺术家。

图8 梵高《星空》

保罗·克利的《奔流》（见图9）中，这位最富诗意的造型大师采用许多并列的曲线表现奔流着的水，给人流畅、优美而生动的感觉，传递快乐、舒畅的心情。

图9 保罗·克利《奔流》

学生在积累了足够的体验后，总结出线条的粗细变化、长短变化、曲直变化所表达的情感，进而创作出了多幅作品。

"这是一朵坚强的向日葵（见图10），因为用了很多直直的线条。"

图 10　向日葵

"这是一只温柔的小羊（见图11），用一圈一圈的曲线画出了羊毛的柔软。"

图 11　小羊

"这是一颗宝石，弯弯曲曲的线条代表宝石奇幻的魔力。"
"我画的是一个神奇的太阳，用曲线表示太阳在旋转着。"

在美术课归纳学习法中发展出学习"线表现力"的三种方法

"阳光下的风景,线条粗细的变化让画面生动起来。"

……

学生的作品(见图12)非常出彩,他们用丰富的线条、多样化的主题进行了情感的表达。可见,在"线的表现力"这节课里,学生运用归纳学习法取得了可喜的学习效果。

图12　学生画作

参考文献:

[1] 中华人民共和国教育部. 义务教育美术课程标准(2011版)[M]. 北京:北京师范大学出版社,2012.

99

小学信息课运用"任务驱动"学习法，可使学生脑洞大开

重庆市渝中区大坪小学　吴　刚

摘　要：信息技术是一门应用学科，在信息技术教学中，教师分配给学生难度适当、富有创意的任务，不仅能活跃课堂气氛，而且能激发学生的学习兴趣，满足学生的学习欲望，充分调动学生学习的积极性，有利于发展学生的自学能力、动手能力、综合运用知识的能力以及创造能力，从而使教师教得轻松、学生学得愉快，进一步提高学生自主学习的质量和效率，使学生在完成任务的过程中可以学到新知识、巩固旧知识，得到良好的教学效果。学生在任务驱动模式下学习时的成就感是其他教学模式难以实现的，再加上一定的奖励机制，会加倍地激发学生的积极性，最大限度地发挥其能动性。与此同时，教师也能从这种模式中得到启发，学到东西，实现"教学相长"。

关键词：任务驱动；信息技术；学习方法

《学校教育学》中提到：从本质上看，现代中小学的课堂教学活动是师生互动与交往的特殊实践活动，其最终目的是最大限度地促进学生的学习与发展，为形成学生终身学习的能力奠定良好的基础。因此，教师的教和学生的学必须采取与之相适应的方法。

一般说来，教师教的方法（教法）和学生学的方法（学法）两者是紧密联系在一起的：一方面，教师的教法必然要通过学生的学法来体现；另一方面，学生的学法实际上是在教师指导下的，尽管

有时是以辅助教学或自学形式进行的,但它都是在教师指导下或教师影响下的学习活动。二者共同处于教学过程中,我们无法单独抛开一方去谈另一方,教法与学法是辩证统一的。

信息技术课是一门以操作和实践为基础的新兴学科,而小学的信息技术课更是如此。那么,选取何种教学模式才能上好这门课呢?针对传统教学方法(如讲授法、谈话法等)下学生不爱听、不爱学的现象,笔者尝试采用"任务驱动"学习法,取得了较好效果。具体有以下几种学习方法。

一、"破题"学习法

新课程倡导任务型教学模式。由此,"破题"学习法就是利用"任务驱动"的特点之一,让学生围绕任务展开学习,教师通过巧妙设计,将要讲授的知识蕴含在任务之中,让学生在教师的指导下,通过感知、体验、参与和合作等方法,破解问题,知道我们该干什么和怎么去干,从而实现任务目标。

在学习的过程中,学生在强烈的问题动机的驱动下,通过对学习资源的积极主动应用,进行自主探索和互动协作的学习,并完成既定任务。

在信息技术课五年级下册"数据计算"一课教学中。我采用的是传统的讲授法,也就是在软件上打开学生的成绩表,向学生演示如何求总分、求平均分。然后,学生进行练习,教师巡视并引入排序的操作。教师演示、学生练习的方法使大多数学生能够完成任务,但是在课程全部讲完要进行拓展延伸时,我让学生求总分、求平均分的方法用函数求最大值、最小值,却只有寥寥几名同学能完成。于是,我尝试使用任务驱动的模式上课。

师:同学们,你们刚刚进行了中期检测,现在要排名,你们能排出来吗?

师:如何完成呢?同学们,请以小组为单位,通过自学、讨论来完成任务。完成任务后请选出一名同学进行汇报。

之后，学生就很积极地开始上机操作。当有某位同学完成后，笔者就反复大声地讲"×××，已经完成了"，在这样简单的刺激"驱使"下，还没有完成的学生都"急急忙忙"地设法完成这个"任务"。在任务展示与交流环节，笔者鼓励同学们说出这个任务的技术难点，并适当地进行讲解。最终，全班绝大部分同学都掌握了数据的计算与排序方法，而且还能够触类旁通地运用其他一些函数。

二、目标导向学习法

上课时，笔者首先用大屏幕给学生演示预先做好的"成品"，如一张统计表、一张小板报、一个小动画等，以此激发学生自己创作作品的兴趣。这一做法使学生在一开始就明确本节课的学习任务和学习方向，促使学生在之后的各个环节里主动围绕目标展开探索。

三、自学学习法

在安排学生自学前，笔者利用大屏幕展示课前准备好的"自学指导"，提出自学要求，要求学生根据"内容提要"和"作品制作步骤"专注自学。这一做法使学生在自学过程中带着明确的任务，能够找到恰当的自学方法，因而学习更有效。得益于这一学习方法学生在提高学习效率的同时，自学能力也在不断提高。在此同时，教师主要是督促学生自学，及时表扬自学速度快、效果好的学生，激励他们更加认真自学。教师重点巡视自学效果较差的学生，帮助其端正自学态度，使他们认真起来，确保人人自学高效。同时，通过巡视及时了解班上学生存在哪些倾向性疑难问题，为后面的教学做准备。

四、知错矫正学习法

学生自学后，笔者用电子教室管理软件最大限度地暴露学生存在的疑难问题。针对部分错误，引导自学能力较强的学生分析，讲清错因，并引导犯错的学生更正、归纳。有的错误，让学生自由讨论，推行"兵教兵"的教学方式。在此过程中，操作能力强、通过自学已经学会的学生可以充当小老师，教旁边还不会的学生。凡是学生能够解决的问题，就让他们自己解决，解决不了的再由教师协助，这不仅对后进生有帮助，而且能使尖子生理解得更加深刻。

五、巩固训练学习法

学生完成学习任务后，笔者出示预先准备的巩固练习题，让学生做课堂练习，检测每位学生是否都当堂达到了学习目标。在学生做完习题后，及时评定成绩，反馈学生的学习效果，从而激起学生极大的兴趣和斗志。

总之，教师进行"任务"设计时，要仔细推敲每个知识点，统筹兼顾，为学生设计出一系列典型的操作性"任务"，让学生在完成"任务"的过程中掌握知识、技能和方法。

参考文献：

[1] 栗洪武，等. 学校教育学 [M]. 西安：陕西师范大学出版社，2007.

[2] 刘林涛. "任务驱动"教学模式的研究与实践 [J]. 现代教育科学，2004（12）：12－14.

用联想表意的方法，能创作出其义自现的画作

重庆市渝中区大坪小学　张建平

摘　要：对于小学低段的学生，美术课单纯地强调绘画技巧和技法显然是不切实际的。他们的世界是丰富而又美好的，因此，小学低段的美术教学，应更注重激发学生去探究、去创造、去表现的冲动。而表现不应只停留在作品上，更应体现在学生的语言描述上。小学低段学生的作品不能用画得像不像去评价好坏，而更该注重学生所表达出的创意，只有"会说"的画面才是有灵魂和生命力的。

关键词：探究；表达；生命力

"艺术源于生活，而高于生活。"艺术来自生活，保有生活的原味而不刻板。艺术高于生活，它将深藏于生活之下的真实提炼出来，并赋予其种种意味，进而展现给世人。小学低段学生的绘画能力有限，常常是想得到却达不到。这时，他们的描述就成了绘画者和看画者之间的桥梁，要使这个桥梁畅通，就要让学生学会说，即必须做到敢说、能说和会说。要达到这三点，就要求学生对自己的画面有清晰的认识。因此，我归纳了以下三种学习方法。

一、描画表意的方法

以"我跟月亮做朋友"一课为例，本课的重点就是月亮——月亮的形状，月亮的联想，月亮的表达。月亮有哪些形状呢？我们可以请两三个学生在黑板上作画，剩下的学生观察他们画得是否准确。

用联想表意的方法，能创作出其义自现的画作 ▸

在学生画完后，我们可以总结出，月亮有三种形状：月牙形、半圆形、圆形。观察的学生会发现月牙形没画标准，这时，教师就要引导学生说出错误点：月牙形应该是两头尖尖，而不是两头圆圆。在学生的表述中，我们可以发现容易出错的地方，进而帮助他们改正，避免在画面中出现相同的问题。在这一过程中，学生也掌握了月亮的基本形状及特点，对主体事物有了正确的认识，为接下来的描述做了铺垫。

二、联想表意的方法

一段新颖的联想往往是作品的点睛之笔。通过欣赏书中的范画，描述图中各人物与月亮的相处模式，可以帮助学生打开思路，为创作做准备。通过观察，有学生说道："月亮变成了秋千，因为有两个孩子吊在一起，在月亮上荡来荡去的。"

"有个小朋友在给月亮讲睡前故事，因为这个小朋友手中拿着书。她看月亮头上也带着睡帽，眼皮耷拉着，像是要睡觉的样子，但是怕它睡不着，就轻声地讲着催眠的故事。"

"还有个小朋友怕月亮一个人太孤独，所以他慢慢爬到月亮的身上，抱着它，和它一起进入甜蜜的梦乡。"

"还有个小男生抱着吉他在给他们伴奏呢，因为他看到他们和月亮玩得很开心，就想给他们加点音乐活跃气氛。"

"他们还一起给月亮梳妆打扮，因为有个女生拿着梳子在给月亮梳头发，还给她画上了大红唇，戴上了珍珠项链。他们要一起去参加舞会。"

学生通过观察了解到，我们可以把月亮拟人化，让月亮和图中人物产生联系。在这里，联想起到了打开学生思维和丰富画面故事性的作用。

教师如何才能知晓学生对知识的掌握情况？只有靠听他们说，听他们说出自己的联想，由此，教师才能知道他们是否联想合理。在此基础上，教师根据学生的说法去做相应的引导，在保留他们创意的前提下，尽可能地完善和提高他们的创意。

三、扩展表意的方法

一千个人眼里就有一千个哈姆雷特。从不同角度观察，学生们眼中月亮也各有不同。他们会说："躺着的月亮像弯弯的小船。我们可以坐在月亮船里，一起遨游世界。"

"倒过来的月亮像一座拱桥，可以让拥挤的交通变得畅通无阻。"

"月亮还可以是滑滑梯，我可以和小伙伴一起在月亮上开心地做游戏。"

"月亮还像一个降落伞，再加几根线，我就可以抓紧那些线，在天上飘着，欣赏大自然的漂亮风景。"

在孩子们的描述中，月亮的角色越来越多。这时让他们画出和月亮的故事，相信一定会非常精彩。但他们毕竟才一年级，绘画能力有限，常常是一根直线都拉不直，一个圆也画得像瘫软的方形。这种情况下，他们的描述就起到至关重要的作用，他们天马行空的创意确实能让人眼前一亮，赋予画面全新的生命力。

关于图1，学生会说："这是在宇宙里，月亮遇到了另外一个星球的人。那个星球是彩虹星球，彩虹星球的人乘坐彩虹云，来到了月亮上，他们通过交流，成为好朋友。"

图1

用联想表意的方法，能创作出其义自现的画作 ▶

关于图2，学生会说："这个月亮是月亮公主，她有弯弯的睫毛，戴着皇冠。人类的公主在超人的护送下和月亮见面了，人类公主邀请月亮公主去地球玩。"

图2

关于图3，学生会说："这是一个爱做梦的女孩，她喜欢五颜六色，她的世界都是彩色的，她特别喜欢这个地方，所以画了很多桃心。她还可以一直在月亮上荡秋千，牵着星星一起荡。"

图3

这三幅画，其实画面非常简单，如果把里面的人物单独拿出来分析，每一个都有诸多问题，如比例不对、动作生硬、造型呆板，可能相对好点的就是颜色丰富。但是当孩子们用他们稚嫩的语言对

107

作品进行一番描述之后，我们就会豁然开朗，原来这一幅简单的作品中，还有这么多妙趣横生的故事。

对于一年级的学生，他们连一根线都拉不直，怎么可能要求他们达到更高的水平？既然他们拥有天马行空的想象，为什么不让大家都去欣赏呢？但是学生要想清楚地表达和描述自己的作品，就要掌握和运用联想表意的方法，只有这样他们才能描绘出其义自见的画作！

"兴趣导学法"是小学体育课堂的原动力

重庆市渝中区大坪小学　张维娜

摘　要：本文主要论述体育课堂可以从"兴趣"角度来完成解析，以兴趣作为引导，让学生完成自主探究学习。

关键词：体育课；兴趣主导；学习方法

在体育教学中，以前是以教师为主体，教师教，学生学，而且学生是被动地学和练。新课改的推行，明确提出以学生为主体，突出学生的主体地位，以学生发展为中心。所以现在的体育教学中需要教师精讲多练，把课堂还给学生，从而激发学生的学习兴趣，让学生自主探究学习，解决体育课中"精讲多练""自主探究""兴趣意识"等核心的问题。

一、兴趣主导下的自主学习法

以学生兴趣为主导下自主学习课堂，可以让学生更好地通过身体的练习来获得技术的掌握和体能的训练。如二年级体操教学侧滚动教学案例中的导入："孩子们，今天我们每个小朋友都有一个特殊的角色，你们想知道是什么吗？"这时学生们就会觉得很好奇，很想知道接下来会发生什么。"孩子们，今天我们每个小朋友都是一名小勇士，我们要玩一个穿越封锁线保卫国家的游戏，大家想玩吗？"这时学生们就会特别兴奋，对接下来的游戏特别期待。此时便可以导入本节课的教学内容，调动学生以兴趣为主导进行自主学习。如："各位小勇士，前方便是敌军设下的封锁线，我们必须在身体不离开垫子的情况下穿越过去,请各位小勇士思考有没有什么好的方法,你们可以自己尝试自己的方法。"这时的课堂便是在兴趣意识的带动下,学生开始积极思考采用什么样的方法穿越封锁线,即开始了以兴趣为主导的自主学习。

二、兴趣主导下的试练学习法

以学生兴趣为主导的自主学习能有效激发学生的练习兴趣,改变了一般课堂只重视教师教法而忽略学生学法的惯式。它是以学生的学法为主,让学生真正成为课堂的主人,积极主动地参与到课堂体验中来。它让学生产生"想试""要练"的情绪,这样便能让学生自主探究,由以前的被动学习变为自主学习。如二年级体操教学侧滚动教学案例中:"各位小勇士,刚才你们自己尝试了很多方法穿越封锁线,有的小勇士成功了,有的小勇士失败了,现在教官这里有一个百分百成功通过封锁线的方法,你们想学吗?"以学生兴趣为主导的自主学习,让学生产生了"想试""要练"的情绪,并调动起自身的学练兴趣,从而提高课堂实效性。

三、兴趣主导下的选择学习法

作为教师,我们在教学中应起到引导作用,一要根据不同年龄,二要根据不同层次,三要根据不同教学环境,引导学生在学习过程中以他们自身的兴趣为主导展开自主学习。如在小学低段,老师引导:小朋友们猜一猜老师今天给你们带了个什么朋友?它长得白白的,身体圆滚滚的,它有种特殊本领,可以弹很高哦,你们猜到是什么了吗?学生可能会开心地大声喊:篮球。老师:那它可以怎么玩呢?请小朋友自己去试一试。学生可能就会有很多方式方法去玩篮球。而到了小学中高段,如果教师再用同样的方法,学生的兴趣就没那么高了,甚至有的学生会纳闷。因此,教师在引导过程中的兴趣设置要合理,合理的兴趣才是学生自主学习的"润滑剂",不合理的兴趣设置可能使课堂卡壳、停顿。

四、结论

由兴趣开始,到自主探究学习,可以帮助学生进行知识构建,引导其探究身体练习,真正意义上让学生主动去学、去练。以学生兴趣为主导的自主学习最根本的优势就是避免了学生机械地重复教师要教他的知识和技能,使学生思维活动不断处于积极和活跃的状态,提高了课堂的效率。当然体育教学中兴趣引导离不开教师的精心设计,教师用兴趣去激发学生对学练的兴趣,学生以兴趣为主导开始了自主的学习,它充分地体现了现代课堂应以学生自主学习为主,教师组织为辅的理念。

综上,"兴趣导学法"是一种非常值得我们去尝试、去探索、去总结的学习方法,真可谓:"未见意趣,必不乐学!"

体育课"学习方法"重构，培养学生持续的学习力

重庆市渝中区大坪小学 石 岩

摘 要：新课程理念注重以学生发展为中心，重视学生的主体地位，以充分发挥学生的学习积极性和学习潜能，提高学生的自主学习能力。在体育教学中应改变教师的教学观念，提高教师的业务素质，增强学生的主体意识，营造良好的课堂氛围，放权给学生，发挥他们的主体作用，因材施教，培养学生的自主学习能力，通过改变教师角色和教学方法来提高学生自主学习能力。

关键词：方法重构；创造展示；学习力

体育与健康课程提倡以学生为中心，重视学生的主体地位，注重学生的学法研究，引导学生学会学习，提高学生自学、自练的能力。如何在体育教学中培养学生自主学习的能力？我认为可以从以下几方面入手。一是教师的教学观念要转变，提高自身的业务素质，打破陈旧的体育教学模式。二是教师应改变以往的"一刀切""命令式"的教学方法，转变"一个哨子两个球，教师学生都自由"的教学观念，应主动参与到学生中去，充当一名"运动员"的角色，来消除学生的恐惧心理，调动学生的积极性。要改变传统的"讲解—示范—练习"的教师中心论，让学生主动尝试体会动作，教师只起引导暗示的作用，变师傅带徒弟式的传授为点播式教学，重点教会学生自主练习的方法，注重培养学生的创新能力。三是注意发扬学生的主动精神、自主意识，变被动的、静态的学习为主动

的、动态的学习，真正体现学生的主体作用。教师在组织学生学习时，可把学生分成若干组，创设一定的学习比赛活动，一方面让学生在学习活动中体验运动的乐趣；另一方面对比赛取胜的小组给予表扬，让学生在为小集体努力的过程中，自觉或不自觉地受到集体团结气氛的感染。教师要及时总结教学经验，鼓励学生自觉克服困难，主动参与锻炼，在学习中去发现自己的聪明才智，产生学习和发展的内在动力，成为体育教学的主体，自主地去学习和体验。现就体育课堂学生的学法进行初步的重构。

一、自主体验学习法

自主体验学习法，就是学生主动地参加到体育项目的学习与体验中，且要结合教师的示范动作、教师准备的学习资料以及学生课前收集到的各种信息，进行主动地思考与尝试。在此过程中，要突出学生的主体地位，同时又要发挥教师的主导作用，让学生根据自己得到的信息进行整理、加工、揣摩、练习，遇到学生想不通或者思路错误的时候，教师应旁推侧引。例如，在学习跳山羊时，在上一节课结束前，告诉学生下一节课要学习的内容，也可以把各个动作的名称告诉他们，让他们自己课后根据名称想想动作，在做动作时会有哪些困难，怎么做才更美观？课中学生反复尝试，体会动作要领。教师边指导，边对学生进行鼓励、点评及矫正。学生在改进自己动作时相互评价，相互鼓励。

二、合作学习法

合作学习法是在课中遇到困难时采用的一种学习方法。团结合作是团队学习与工作的基础，也是社会发展的需要。就体育本身而言，无论是双人运动还是多人运动都需要彼此的信任和配合。在课堂上，教师要给学生营造合作学习的氛围。根据学习内容的不同，可引导学生组成相应的学习小组，并相互观摩、彼此纠正动作。在此过程中，可以培养学生的观察能力、组织能力、社会交往能力等，并且可以提高他们发现并改正错误的能力。例如，在学习跳山羊时，有学生认为双手按压"山羊"的中间位置更容易跳过。我就适时引导大家就此问题展开讨论，结果大家都认为不仅是双手要按压"山羊"的中间位置，而且助跑要有节奏，踏跳时机准确，推手有力才是最重要的。这样，学生对这一技术要领有了准确深刻的认知，在练习过程中很容易掌握动作要领，并体验到合作学习带来的乐趣。

三、创编组合学习法

课堂是学生的课堂，在教学过程中，教师要给学生足够大的平台、足够宽阔的空间让他们想象、让他们创造。例如，在自编操的教学中，可以分组自编，由各个组长负责，集体讨论排出自己组的队形，喊出自己组的口号。最后，老师可以打"组合拳"，可以把各小组最贴近主题、最有特色、最能展现主题精神的动作与队形组合起来，把学生的创造性记录下来，展现出来，让学生的创造性被看见。

四、特色表演学习法

课堂以外的学习和活动，是对有限课堂教学的补充。教师应鼓励学生充分利用课外、校外的课程资源积极进行体育活动，培养学生的锻炼习惯，促使其整体健康水平的提高。每月我设置一节学生展示课，一个班分成四个小组，由体育小组长组织每个学生表演体育特长项目，由组内选取最具特色或比较优秀的项目，集中展示，全班评出体育之星，并将评出体育之星的体育项目，由体育之星普及到全班学生。这样既能很好地激发学生对体育学习的兴趣，也能拓宽学生的知识面。实现多样化的课堂教学，增添了体育课的乐趣和学生自主学习的内生动力。比如，在某个班中有少数民族同学，让他们在课堂中展示本民族的"竹竿舞"运动项目，大家兴趣盎然，既学习了少数民族传统的体育运动项目，又了解了不同民族文化内涵。

　　总而言之，对学生的学法指导，必须面向全体学生，以学生为主体，以自主、合作、创造学习方法为主线，把重"教法"的立足点转移到指导"学法"上来，这样才能真正培养学生从"教会"向"会学"转变，其关键点就是提升学生的学习力。

体育学习模式的创新

重庆市渝中区大坪小学　冉欣鑫

摘　要：体育与健康在小学生的全面发展中占有十分重要的位置，但是随着素质教育的不断发展，传统的体育教学方法已不能够满足当今时代的要求。因此，我们要对传统的体育教学方法进行创新，在不断的实践探索中完善教学方法，提高小学生的身体素质、综合素质，使小学生养成终身锻炼的良好习惯。

关键词：小学体育；教学；创新

一、突破传统的体育教学模式

在《义务教育体育与健康课程标准（2022年版）》的要求下，学校更加注重小学生的全面发展，体育越来越成为衡量小学生全面发展的重要因素之一。小学体育教学也开始改变传统的以教师为主体的教学模式，变为以学生为主体。

由于小学生正处在懵懂期，其思维与意识还没有完全形成，因此，体育教师所选择的教学模式应该以培养学生的创新思想、自主意识为基础。我国众多小学已经开始了这方面的体育课程实践。同时，在体育课上也要改变原来单纯的关注小学生的锻炼效果的现象，要开始重视让小学生在体育课中建立合作与竞争意识、主动学习意识，为小学生在今后的学习生活中产生积极乐观的心态建立基础。

传统的小学体育教学模式在当今时代看来过于古板，体育教师想要改变这一现状，就要选择灵活、实用的教学模式。体育教师可以结合新时代的素质教育要求与小学体育的教学目标，创新教学模式，因材施教，找到适合本校小学生的教学模式。

现在体育课的教学应该是教师与学生、教与学的双边活动过程。这个过程不仅是进行各种身体练习的过程，也是思维碰撞的过程，既要通过体育活动增强学生的体质，也要发展学生的智力，使学生掌握"三基"和科学锻炼身体的方法。

二、教师充分发挥主导作用

为适应新时代的体育教学需要教师的教学手法、手段要灵活多变，不仅要有讲解、示范、帮助、预防和纠错等教学方法，更要采用与学生平等相处的诱导法、情境教学法等方法，以活跃课堂气氛，增强凝聚力。要引导学生发现新事物、新问题，并积极鼓励他们在实践中探索，互相交流，创造性解决面临的困难和问题，超越自我。此外，还可借助多媒体技术介绍体育技能知识、各种比赛规则、体育锻炼的自我保护方法等，从而激发学生主动参与学习的热情。

三、教学目标的设计要以学生为主体

小学三年级的一节体育课中，在介绍完课堂内容后，我刚想发令进行准备活动，就听见几个学生小声地嘀咕道："怎么又是慢跑和徒手操，真没劲……"我看了他们一眼，刚想告诉他们准备活动的重要性，又听见有人小声说："要是能做自己喜欢的准备活动就好了！"我灵机一动，说道："今天的准备活动不集体进行了。"看到他们一愣的样子，我继续说道："自选组长，各组由组长带领组员进行准备活动，内容自定，课后小结时，我们大家一起评选出一个最好的小组。"我这刚说完，全班学生就乐开花了，很快分好小组，我简单提了几点要求和注意事项，然后就由各组组长带领进行准备活动了。

四、教学过程的实施要以学生为主体

首先，在教学过程中，要以学生为主，采用提示的方法来引起学生注意。例如，在教学生"前滚翻"时，可通过"低头""团身""抱腿"等口令，引起学生对技术要领的注意，使教学取得好的效果。

兴趣是个人对事物所持的选择性态度，是注意力的源泉，二者关系密切，互为因果。在体育活动中，有兴趣与无兴趣所产生的结果是不同的。对于感兴趣的活动，学生可以持久集中注意力，学习时积极主动，即使碰到困难，也会努力去克服，产生愉快的情绪。而没有兴趣，会使学生情绪低落，感到厌倦。

教师应妥善利用学生对体育活动的直接兴趣，启发学生积极练习一些他们认为枯燥无味的项目。例如在教学中，利用学生对足球和竞赛的兴趣，先让他们进行足球比赛，在他们由于不能控制好球而失掉很多进攻和防守的机会并感到苦恼时，借机讲明学习基本技术的必要性，并进行正确示范，这样就能大大提高学生的学习积极性。

其次，学生的展示过程要自行完成。在展示完成之后，教师要进行必要的评价和补充完善。

最后是学生练习和巩固，小组长安排练习任务，小组讨论完成。

以上这些方面都体现了学生的主体地位，在这一过程中，要逐步培养学生的积极性和主体性，使学生树立合作意识，并通过训练养成良好的学习习惯。同时，教师也应平等地参与小组合作学习，并对各小组的学习情况及时进行鼓励、引导和矫正，帮助学生习得良好的合作学习行为，让学生主体地位得到更好的体现。

总之，教师要善于灵活安排教材，采用多种教法和组织措施，把课上得生动活泼，并充分发挥学生的积极性，从而获得令人满意的教学效果。

参考文献：

[1]徐鑫.探究小学体育创新教学方法［J］.中国农村教育.2018（22）：51.

"五法"并举，以美育人

重庆市渝中区大坪小学　熊浩辰

摘　要：音乐教育的本质是以情感人。每首乐曲都带有浓厚的感情色彩，因此在引导学生感受乐曲美妙的旋律及歌词时，还可通过肢体活动，让学生亲自参与动作创作、语言表演、旋律演奏等活动，直接去感受音乐美。

关键字：音乐美；律动；创编

著名的教育家苏霍姆林斯基说过："对美的感知和理解，是审美教育的核心，是审美的要点。"小学的音乐课堂，应该是属于儿童审美的课堂，保持一颗童心对美的感知和理解，也是有效教学设计的重要前提。小学音乐教育作为美育的重要组成部分，其特质就是情感审美，这就决定了音乐教育的根本方式是"以情感人，以美育人"。

音乐课教学的目的是培养儿童对音乐的兴趣、爱好及欣赏能力。在日常教学中，我总结了音乐课教学中的五种学习方法。

一、整体感知法

儿童欣赏音乐，首先应从整体感受入手，这在音乐课教学中是非常重要的。音乐一般具有不直接描绘具体形象的特点，但它能通过情感表现来体现形象。作品中音乐形象的塑造，是通过乐音的高低、节奏的疏密、速度的快慢、力度的强弱及音色的浓淡等要素的对比反映出来的。所以要从总体上去感受音乐，包括是怎样开始的，如何进行，什么旋律先出现，有几个主题音调，在哪儿过渡等，这样才能使儿童初步感受到作品朦胧的美、直观的美。这对儿童养成良好学习习惯及提高鉴赏能力是十分重要的。

二、分段引进法

分段欣赏是音乐课教学中的重要一环。分段欣赏是在儿童对作品整体感受的基础上，引导儿童从每段不同的情绪、速度、力度、音色、和声等要素来了解音乐是怎样进行、构成、表现的，哪里是对比，哪里是重复等。这样就可以把儿童引到特定的意境中，使儿童从中感受到喜怒哀乐，感受到音乐内在的美，同时也增长了知识。比如：单簧管的声音和大管的声音有什么不同？师：老师今天带来了几个音乐题材，大家可以竖起耳朵来听哦！随后播放《两只老虎》《回家看看》以及小猫音乐片段（单簧管）、老鹰的声音（大管）。师：你们听到了什么？谁能模仿一下呢？两只老虎为什么一只有耳朵，而另一只没有呢？小猫为什么发出"喵"的声音，谁可以用自己的肢体来描述一下呢？像这样聆听乐器的音色，联想不同的动物，可以丰富学生的想象力。

三、提问猜想法

在教学中可以运用提问题的形式来引起学生的兴趣。在提问题时必须注意儿童的年龄、心理特点和认识规律。比如低年级儿童，他们往往通过具体的事物来认识和了解客观世界，因此提问题时要言简意赅、形象生动。

例如，欣赏一曲打击乐《鸭子拌嘴》时，可提出"小朋友们听听这段音乐像什么动物走路""他们在干什么"等问题，这样就把儿童的注意力引向了作品的内容。

又如，欣赏《两只老虎》时，老师可以这样引导：我们的音乐时光又开始了，今天老师得让你们猜一个谜语。接下来请大家认真听音乐，听完后说说你们的耳朵刚刚听到了什么。只要仔细听，你们一定会听到美妙的声音。再如，老师说：今天我们用瓶子、吸管、桌子来完成一个有趣的音乐游戏。我们来分成3个大组，一个组拿瓶子，一个组拿吸管，另一个组手放到桌子上。第一组先来，再第二组，再最后一组，反过来也是可以的，一到二到三，一到三到二，以此类推。这种方法可以使学生们对音乐产生浓厚兴趣。师：小朋友们，今天我们请到了几位尊贵的客人，大家想知道他们是谁吗？那么大家先闭上眼睛，这些尊贵的客人就将来到你们的耳边，轻轻地跟你们说话。接下来，教师播放录音，其中包括狮子、老虎、公鸡、老鼠、小白兔、大象的声音。在这里，提问的目的是让小朋友们在音乐上展现自己的积极性，引出他们的好奇心，使课堂的效率更上一层楼。

四、讨论表现法

学习歌曲时，讨论交流是必要的，它不仅可以使课堂气氛活跃，还可以相互启发，打开儿童想象的大门。讨论中，儿童讲述对音乐的感受时，应引导儿童不能绝对化。如"叮咚"这一象声词，它既可表现流水的声音，也可表现铁锤敲石头的声音，还可表现"门铃"的声音等。音乐不是摄影，音乐作品中的音乐现象是通过音乐的要素表现出来的。任何一种情感都能引发关于不同的人物、事物的联想，这就使得音乐具有概括性和相对不确定的特点。因此在讨论时，教师应灵活地因势利导，帮助儿童准确地感受音乐。

五、对比鉴别法

有比较才有鉴别。在音乐欣赏中，对比的范围是很广的，有体裁、曲式之间的对比，也有同一首作品各乐段之间的对比，还有同一种题材用不同乐器演奏的对比等。从对比中，儿童可以感受到不同形式、不同风格的作品的表现特色。这样既可提高儿童对作品的感受程度，又可增加音乐知识。

在新的教育理念指导下，教师应该懂得以人为本，一切为了学生，对学生的学法给予充分指导。学生在学习音乐时，掌握和运用这些方法，不但能提高对音乐的理解、鉴赏、表现能力，而且能激发学生的学习兴趣，提升学生的学习力。

小学音乐课堂中的歌唱学习法

重庆市渝中区大坪小学　陈柚攸

摘　要：音乐是一门听觉艺术，是一种激发人们情感的艺术类型。歌唱教学作为音乐课程中的一个重要组成部分，是表现音乐、表现情感的重要方式，也是学生最易于接受和乐于参与的形式。尤其对于小学学生来说，他们活泼、好动的年龄特点使得他们个个都乐于歌唱。在这个阶段，教师要充分挖掘歌曲中所蕴含的音乐美，用自己的感悟激起学生的情感共鸣，将音乐的人文内涵传达给学生，培养学生对音乐的感知、鉴赏、表现和创造能力，为学生终身喜欢音乐打下良好的基础。

关键词：小学音乐；表演歌唱；学习方法

一、理解歌曲意思学习法

根据小学音乐课程标准，歌唱教学的基本目标包含情感态度与价值观、过程与方法、知识与技能这三个方面。结合音乐艺术的特点，歌唱的学习目标有三：一是在生动活泼的唱歌实践活动中，激发学习兴趣；二是掌握唱歌的基本知识与技能，能自信地、有表情地演唱；三是通过多种形式的唱歌实践，培养自主学习能力、合作精神，加强审美体验，养成健康向上的审美情操。音乐教学中，教师一定要在宏观把握课程目标的同时，准确把握和捕捉课时目标和育人目标，达到既"教书"又"育人"的教学目的。例如，教材中《草原就是我的家》《我的家在日喀则》《金孔雀轻轻跳》等歌曲都具有民族性，民族音乐是民族文化的一个载体，所以通过歌唱教学加强学生对民族文化的认同也是非常自然的渠道。因此在教学中，笔者特别注重挖掘歌曲中的人文精神教育内涵，让学生在学唱歌曲的同时了解民族音乐、风俗、地理等知识，在亲身感悟中学会尊重各民族文化，培养学生的人文素养。再如《小脚丫》《小树快长高》这两首歌曲，是以大自然中生命体为对象的音乐作品，歌曲蕴含了快乐生活的人文内涵。所以在歌曲的学习中，教师注重学生生活体验，以游戏为切入口，在说、动、玩等活动中，教会学生用欢快的情绪演唱歌曲，并引导学生感悟到小脚丫慢慢长大，也标志着生命成长的历程，希望我们的孩子像小树一样长成参天大树。

二、置入歌唱情境学习法

人的情感总是在一定的情境中产生的，要让学生伴随教师快乐地投入课堂的歌唱学习中，须创造良好的情感氛围，让学生置身其中，使学生动情。创设歌唱教学情境，目的是培养学生良好的学习心境，唤起学生的歌唱注意力。学生进入一种特殊环境，面对特定的学习对象，新鲜感便会油然而生，注意力便会全部集中于眼前的景致。创设歌曲情境，能显著提高歌唱教学活动的有效性。如在学唱《草原就是我的家》时，教师通过图画、讲解引导学生想象美丽、辽阔的大草原，感受创作者要表达的情感，激发学生对大草原的热爱之情；在唱《小脚丫》时，引导学生感悟与大自然和谐相处的美好，表达歌曲快乐、活泼的情绪；在唱《春天的歌》时，想象富有生机的春天情景，表达欢快的情绪；在唱《放牛山歌》时，感受山歌嘹亮、高亢的旋律，表达对勤劳质朴的劳动人民的赞美。

三、运用歌唱技巧学习法

每个人都希望自己的表现能获得他人的欣赏与赞美。作为教师，我们应当在理解儿童心理特征的基础上，积极引导，并激发其歌唱自信心。因此，在音乐课堂上，教师应尽可能地减少学生的学习挫折体验，巧妙合理地运用教学语言及体态，在学生歌唱学习过程中，适度地满足其心理，以激发其积极的歌唱欲望。

在歌唱学习中，范唱是一种重要的教学手段，灵活地运用这一常用的教学方法，能很好地激发学生的学习热情，引导学生的学习兴趣，培养学生的歌唱自信心，让他们在歌唱学习中感受音乐、理解音乐、表现音乐。为了提高学生表现歌曲的能力，进行歌唱的技巧训练是十分重要的。歌唱技巧的训练应贯穿于整个歌唱教学过程之中。培养学生的歌唱能力应注意以下几个方面：一是认识并掌握正确的呼吸方法；二是学会正确的咬字、吐字；三是理解歌曲的曲式结构；四是引导学生用真挚的情感去歌唱。

四、聆听感受旋律学习法

在歌唱活动中，教孩子记忆歌词一直被大家认为是个难点。在设计这一教学过程时，应运用艺术化、多样化的方式来吸引孩子，努力把"枯燥训练式"变为"情景陶冶式"，让孩子学得轻松，记得牢固。如在范唱时，既可配以优美动听的钢琴演唱，又可声情并茂地清唱，并引导学生闭上眼睛安静地倾听，这样既可让学生非常清晰地聆听和感受到歌曲的内容和旋律，又培养了学生倾听音乐的能力。同时，教师还可边出示图片边范唱，或边唱边画出能表达歌词大意的简单图画，使歌曲形象直观化，让学生"耳濡目染"，达到"事半功倍"之效。

总之，歌唱教学要从学生的需要与特点出发，遵循音乐教育规律，激发学生的歌唱兴趣，让学生在歌唱过程中获得歌唱的知识与能力，并在有情感的表现过程中提高音乐综合能力。

小学一年级数学中的摆小棒学习法

重庆市渝中区大坪小学　陈武强

摘　要：本文主要针对一年级学生在数学学习过程中存在的困境，结合小学生心理发展的特点和义务教育数学课标的要求，提出了摆小棒的学法，并结合数学教材进行了案例分析，以期对小学一年级学生的数学学习有一定的参考价值。

关键词：摆小棒；数的认识；学习方法

对于刚从幼儿园转入小学开始一年级生活的小学生来说，如何快速适应一年级的数学学习是一个亟待解决的问题，也是时常困惑小学一线教育工作者的问题。根据儿童身心发展的规律和已有的幼儿园学习经验，动手操作是值得一年级学生尝试的一种学法。陈理宣和黄英杰（2014）认为把动手操作和问题解决联系起来开展知识教育，有利于促进知识的认知因素、情感、价值观、意义因素与机体操作结合，实现外在知识结构和机体之内在知识结构的整合。笔者着眼于小学一年级的数学学习，探究了如何通过摆小棒的方式，让数学知识更加形象直观，以帮助小学生理解数学知识。

一、10以内数字"摆小棒"学习法

小学一年级的学生正处于6~7岁，虽然已经初步具备了学习的条件，但仍存在一些问题，比如注意力不集中，上课喜欢玩耍，不遵守纪律等，这些都对学生的学习造成了一定的困难。相对于语文学习，数学学习有其特殊性，尤其是概念的理解、抽象的数字计算，让一部分儿童一时难以适应。由于此年龄阶段的学生还习惯于直观思维，因而在数学教学中，应尽量以直观的摆小棒方法来辅助，帮助学生更好地理解算理，实现由直观到抽象的过渡。

　　学习数字1~10，其本质是培养学生的数感，以形象化的实物小棒，帮助学生理解事物的累积。在具体的学习过程中，主要有两种方式，一是通过小棒摆数字的形，二是通过小棒摆数字的意。前者很多小朋友在幼儿园的学习中已经接触过，可以摆出数字1~10的形状，后者才是小学学习的重点。在动手摆的过程中，除了用小棒，也可以用日常生活中常见的物品，如核桃、卡片、玩具、筷子、碗等，在学习数学知识的同时，增加了学习乐趣，也拉近了数学与生活的关系。

　　（1）首先摆小棒等学具，让学生数数。在家长的辅助下，在固定区域摆1行（列）数量在10以内的实物，让孩子数数，然后可以不规则排列，增加难度，提高儿童的数数能力。

　　（2）根据数字摆小棒等学具。在家长的辅助下，准备好需要的学具，家长随机说1~10的数字，孩子则拿出对应数量的学具。数字可以由小到大变化，也可以由大到小变化，培养学生的数感。

二、"左右、分合"摆小棒学习法

　　《义务教育数学课程标准（2011版）》中强调要激发学生的数学学习兴趣，使其体验成功的乐趣，在学段目标中也提出要让学生对数学充满好奇，感受数学与生活的联系。摆小棒这一学法正是充分运用了学生平时熟悉的学具、家庭里的玩具、生活用具等，引导学生感受数学与自己的生活密不可分。通过这些生活中常见的事物可以轻松解决"左右、分合"摆小棒的一些复杂数学问题，让学生获得学习的成就感。

　　（1）结合"左右"摆小棒。在家长的辅助下，摆一行彩色小棒或者其他学具，随机提问，如：从左边数，绿色小棒排第几？从右边数排第几？从左边数第5根小棒是什么颜色？从右边数第5根小棒是什么颜色?

(2) 结合"数的分与合"摆小棒。在家长的辅助下,准备需要的小棒。学生根据家长的摆小棒动作,说出对应数字的分与合,如8可以分成3和5,3和5组成8。然后自己边摆小棒边说出数的分与合,最后听家长说数的分与合,自己用小棒摆出来。

三、20以内数字摆小棒学习法

左璜(2016)基于不同的价值理念,总结出国际上已有的"核心素养体系"大致可分为四大类型,即成功生活取向的思维核心型、终身学习取向的知识核心型、个人发展取向的价值核心型和综合性取向的教育系统型。对于一年级学生而言,要掌握的数学知识主要是20以内数的认识和加减计算,也就是建立数感,理解算理。摆小棒的学法相对而言比较符合小学生的认知,也顺应了课改的要求,是值得实施的一种学习方法。

在学习20以内加减法的过程中,需要用到1捆小棒,建立"10根为1捆"的概念。主要是通过凑成1捆,简化进位加法的计算,建立进位的概念,或者是拆分1捆小棒,降低退位减法的难度,渗透其中的算理,让抽象的计算简单化和直观化,便于小学生理解。

(一) 学习加法

在学习"几加几的进位加法"的过程中,除了一般的数小棒这一办法,还需要通过小棒来演示"凑十法"。通过"凑十法"简化计算,既结合了前面学习的"10的分与合",同时也为以后凑整十和整百做一定的铺垫。例如,针对"6+5=?"这一算式,可以引导小学生在桌面上摆出"左边6根小棒,右边5根小棒",在数一数的基础上,提醒学生"6和几合成10",然后从右边的5根里取出4根,和左边的6根合成10根(10根捆成1捆),此时就很容易看出一共有11根。在熟练掌握10的分与合的基础上,也可以反向凑成十,把上题中的 5 凑十。首先是用小棒演示,然后书面计算,当小棒运用熟练以后,可以摆脱小棒,进行抽象计算。

(二)学习减法

在学习"十几减几的退位减法"的过程中,结合进位加法中的"凑十"法,进行逆运算,即运用"破十法",首先把十几分成"几"和"十",然后用 10 减去减数,差再去加被减数剩余的数。这主要还是让学生回到熟悉的"10 的分与合"。例如,针对"13－5＝?"这一算式,可以引导学生摆 1 捆小棒(摆在左边)和 3 根散乱的小棒(摆在右边),在一根一根倒着减的基础上,引导学生把左边的 1 捆小棒拆开,去掉要减的 5 根小棒,再将剩余的 5 根小棒和右边散乱的 3 根小棒合成 8 根。此外也可以采用"平十法",先把右边散乱的 3 根小棒去掉,再把 1 捆小棒拆开,去掉还需减去的 2 根小棒,最后还剩 8 根。通过这两种不同的小棒操作,可帮助学生更好地理解退位减法的算理。

在小学一年级数学学习的过程中,通过摆小棒的学习方式可以更好地帮助学生建立数感,理解比较抽象的数学计算,提高学习能力,从而顺利适应小学阶段的数学学习,同时也可以激发小学生的数学学习兴趣。教学生学习摆小棒,从小培养其动手能力,不但发展了学生的思维,而且意味着对学生整体素养的关注,有助于实现从"教会"走向"学会"。

参考文献:

[1]陈理宣,黄英杰. 论基于动手操作和问题解决的知识教学[J]. 国家教育行政学院学报,2014(12):20-25.

小学低段道德与法治课学法探析

重庆市渝中区大坪小学 庹胜兵

摘 要：《中共中央关于全面推进依法治国若干重大问题的决定》提出，"将法治教育纳入国民教育体系，从青少年抓起，在中小学设立法治知识课程"。道德与法治学科关注学生的生活，从家庭到学校，从社区到学校乃至到世界生活的逐步拓展，教会孩子由近及远、从浅入深，德法兼修，强化社会实践与体验，全面系统地落实社会主义核心价值观。小学低段学生在学法、知法、懂法方面有一定困难，学生的识字量不够，自主阅读能力较弱，在学习道德与法治课中存在种种阻碍。为了让学生更好地学习道德与法治课，本文主要探讨小学低段道德与法治课的几种常用方法。

关键词：道德与法治；学法指导；自主学习法

一、小学道德与法治课的教学目标

2016年9月起，义务教育小学和中学起始年级"品德与生活""思想品德"教材名称统一更改为"道德与法治"。2019年秋季起，全国中小学起始年级统一使用部编版教材，强调尊重童年生活独立价值、品德培养回归生活、激活儿童自我发展、重视法治精神和法治意识培养。道德与法治课以社会主义核心价值观为指导，一方面坚持道德教育的方向性，另一方面要以人为本，从学生的实际出发，培养有爱心、有责任心、有良好习惯和个性品质的儿童。道德与法治课基于儿童视角，来源于学生生活。社会主义核心价值观是有生活基础、有生命力的美善价值观念。因此，这门课要引导学生认识和践行社会主义核心价值观，做到价值观教育的可亲可信。教材与学习者的关系呈现出对话关系，教材是学生成长的引路人、陪伴者，在同行中引导和教育。

二、教材编排的实践意义

根据教材主编对教材的深度解读，我们能更清晰地认识到小学阶段是道德发展的启蒙期，要以充满生活气息的价值观引领学生的学习。教材从整体结构到单元主题再到每一课的设计都独具匠心，统一了品德的培养和基础文明素质的培养。每一单元、每一课的主题都有明确的内在教育目的和要求，以学生感兴趣、喜欢的话题入手，让学生喜欢参与学习，能够在教材的引领下学习知识。小学一年级教材，从入学开始，每一课的设计都与学生的生活息息相关。按照学生的不同发展阶段，同一主题在不同年龄阶段皆有安排。教材的案例来源于生活，具有典型性、道德教育性和文化蕴含，非常有利于学生学习。许多话题的学习需要学生主动去探索、参与探究过程。教材特别注重对学习方法的指导，有感情的投入、尝试过程、体悟的表达与交流，设身处地为学生的学习考虑。

三、学习方法

（一）亲子阅读法

小学低段的学生识字量不够，在阅读教材时有一定的困难。最好的教育是家庭教育，家长的榜样引领尤为重要。学生入学前都是与父母一起生活。学生和父母一起阅读有利于有效阅读，增进亲子关系，有利于孩子的德育成长。父母就是孩子阅读的导航灯。父母可以根据教材编排，带着孩子从目录开始学习，遇到孩子不认识的字，以查字典和教孩子读的方式去帮助孩子理解。在教材的引领下，父母和孩子就像是在对话。不同的主题能够让孩子与父母一起体验。例如一年级下册第一单元"我的好习惯",从爱整洁、有精神、不拖拉、不做小马虎入手。父母最了解孩子的表现,为了帮助孩子发现和认识自己的好习惯,亲子一起阅读完成这一单元的学习就非常有趣。

(二)目标学习法

小学低段的学生在学习中注意力不太集中,教师在引导和教学时,学生有时未能及时跟教师一起学习。当学生丢失目标后,拿起书本学习容易找不到方向,不知从哪里开始。有目标的学习格外重要。教师在教学中应从学生生活实际出发有目标地设计教学,学生在听的时候一定要听懂学习目标。这是有一定难度的学习方法,但是学生要勇于尝试,只有找到精准的学习目标,才能更好地成长。学生可以抓住教材的目录,从整本书去认识学习目标,再从单元入手,逐课去认识目标。学生要学会化繁为简,从问题入手,从学习中找到解决办法。当无法确定目标时,可以向同学和老师请教。

(三)自主学习法

学生的自主发展是非常重要的,启蒙期的学生更需要自主发展。好习惯从小养成,在小学低段的学习中就要逐步培养学生自主学习的习惯,学生要主动掌握自主学习的方法。学会学习对于学生的成长至关重要。在教师创设的学习情境下,学生首先要主动、积极,对于每一个小问题要主动去思考,让自己独立去寻找解决问题的方法。积极参与问题的探讨,遇到困难的时候一定不能退缩。其次要有发现的动力。学生要主动去发现课本中的每一个细节,做学习的"小侦探"。学生要主动去关注书本中留白处、省略号,这些地方肯定还有思考的空间,主动去探索每一课的主题对话,勤于思考为什么要这样设计呢。再次,要让学生关注、反思自己的生活经验。在道德与法治课的学习中,一定要时常带着"镜子"去学习,这面镜子就是自己生活的缩影。学习"我会努力的"就需要对照自己的表现去认识自己，反思自己做得不好的地方，力争改变自己做得不好的地方，这样的自主学习才有利于成长。

自主学习需要从课本延伸到生活中。教材的知识有限，生活的广阔空间拥有丰富的知识。学生要关注自己的生活经验和课本知识之间的联系，要在学校生活中去自主学习。要参与学校每天的日常德育活动，思考那些在课堂中学习过的知识。既已学习就要学习运用。自主学习得到的收获是别人给不了的，要多寻找自己的优点、多在心中画问号。此外，还需要自主去认识社会，学习社会的制度、行为规范，在潜移默化中学法、懂法，激发学生社会性探究的热情，自主开启一段文化、社会的旅程。心有多大、路有多远，需要孩子自主去探索。

道德教育、以人为本。快乐学习、人人学好。培养有爱心、有责任心、有良好习惯和个性品质的儿童，需要我们教师引领学生掌握学习方法，自主学习思考和解决问题。小学低段的道德与法治课需要学生与父母、老师和同学一起学习，需要有目标、主动地学习。在充满生活气息的价值观引领下，学生要充分运用学习方法践行社会主义核心价值观，追求文明素养的提升，与生活并肩同行，培养国家观念、规则意识、诚信观念和遵纪守法的行为习惯。

参考文献：

[1] 高德胜. 以学习活动为核心建构小学《道德与法治》教材[J]. 中国教育学刊，2018（01）：1-8.

[2] 唐燕. "摹仿生活"：小学《道德与法治》教材生活化的实现[J]. 中国教育学刊，2018（01）：15-20.

[3] 吴煜姗，高德胜. 见真，见善，见美——谈统编小学《道德与法治》教材中所蕴含的教育思想[J]. 中小学德育，2017（08）：4-7.

巧抓反复，学习童话

重庆市渝中区大坪小学　王　梅

摘　要：孩子们总爱乘着想象的翅膀，游历奇妙的童话王国，看月亮眨眼，听星星唱歌，经此一番游历，行囊里就装满了很多好东西。要想得到满满的行囊，可得掌握一定的学习方法。本文就带着孩子们一起通过抓童话中的反复，有效学习童话故事。

关键词：童话；反复；情节；学习

童话大多充满浓厚的幻想色彩，以虚构的故事情节，鲜活的人物形象，乐观的精神，现实主义和浪漫主义相结合的风格吸引着无数孩子。安徒生童话、王尔德童话、格林童话……有着无数经典的童话故事，细细地研读，你可以从中体会到人间的冷暖，领悟到人生的哲理。历经磨难的丑小鸭，坚定的锡兵，善良的拇指姑娘……你只要看过就难以忘记。

很多优秀的童话故事已经编入中小学教材，许多年段都有童话单元。部编版小学语文一年级下册课文《小壁虎借尾巴》一文讲述了一只小壁虎无意中被蛇咬断了尾巴，先后向小鱼、老牛和燕子借尾巴却都没借着，回到家才发现自己已经长出了一条新尾巴的故事。小壁虎借尾巴相似的情节在不同的地方出现了三次。三年级上册第八课《卖火柴的小女孩》一文记叙了一个可怜的小女孩在大年夜一根火柴也没卖出去，躲在墙角划燃火柴，幻想出了喷香的烤鹅、美丽的圣诞树和慈祥的奶奶。然而当火柴熄灭的时候，这所有的一切都不见了，小女孩就这样在圣诞之夜悲惨地死去，没有人知道她在生前最后一刻看到的美好情景。幻想的美好和现实的残酷让孩子们内心悲痛不已。小女孩点燃火柴出现不同的幻想,这种相似的情节也出现了三次。《总也到不了的老屋》中老屋遇到小动物来求助的相似情节也出现了三次……许多童话都有用到反复的修辞手法。

什么是反复呢?反复是根据表达需要,有意让一个句子或词语重复出现的修辞方法,是为了强调某种意思,突出某种情感,特意重复使用某些词语、句子或者段落等。反复一般有三种类型:词语反复、词组或句子反复、语段反复。童话中用到反复的修辞手法可以使文章的格式整齐有序,故事情节回环起伏,充满语言美,环环相扣,非常吸引读者。孩子们在学习童话时如果能抓住文中反复的修辞手法,就不仅能厘清文章的结构、感悟文章的中心,还能预测或者续编接下来会发生的故事情节。

一、抓反复,理脉络

在童话的学习过程中,孩子们不应仅仅停留在欣赏有趣的故事情节,感叹人物的喜怒哀乐上,而是要通读文章,多读几遍,理清文章的脉络。同时我们要拿起手中的铅笔把文章中反复出现的语句勾画出来,思考反复出现的这几处是否是一个独立的故事情节。如部编版小学语文二年级下册课文《青蛙卖泥塘》中"卖泥塘啰,卖泥塘"。青蛙站在牌子边大声吆喝的语句反复出现了四次。我们紧抓这四处反复来理清文章的脉络,如表1所示。

表1 《青蛙卖泥塘》的文章脉络

	买家	提出了什么看法	青蛙怎么做的
第一次吆喝	老牛	周围有些草就更好了	采集草籽,播撒在泥塘周围
第二次吆喝	野鸭	塘里的水太少	引水到泥塘

续表1

	买家	提出了什么看法	青蛙怎么做的
第三次吆喝	小鸟、蝴蝶、小兔、小猴、小狐狸	缺点儿树、缺点儿花、缺条路、盖所房子……	栽了树、种了花、修了路、盖了房子
第四次吆喝	—	—	这么好的地方，自己住挺好的，为什么要卖掉呢？

通过梳理出这样一个表格，我们可以归纳出文章的脉络：青蛙因为觉得自己住在烂泥塘里不怎么样，于是有了四次卖泥塘的经历。在这四次卖泥塘的过程中，前三次没人愿意买它的泥塘，并提出了各自的看法。青蛙接纳他人的意见，修建泥塘，最后烂泥塘成了一个非常宜居的好地方，于是青蛙留下自住。

教材里可以用类似的学习方法来厘清文章脉络的童话故事有很多，如部编版小学语文一年级下册《小壁虎借尾巴》、二年级下册《蜘蛛开店》、三年级上册《胡萝卜先生的长胡子》《总也到不了的老屋》等。所以，在学习童话时，抓反复的修辞手法，孩子们能更快更准确地梳理出故事情节，理解童话的主要内容，为深层次的学习垫好基石。

二、抓反复，悟中心

童话往往以儿童理解的人或事物为描写对象，常常把自然界"社会化"，把社会生活"童话化"，语言生动形象、浅显易懂，故事情节往往离奇曲折、饶有兴趣。童话多采用拟人的修辞手法，把有生命的鸟兽虫鱼、花草树木等整个大自然，以及没有生命的家具摆设、儿童玩具等都注入思想感情，使它们拟人化。同时常常通过丰富的想象、幻想和夸张来塑造形象、反映生活，从而对儿童进行深刻的知识教育、思想教育，感受生活的真谛和做人的道理。因此，大多数童话对孩子是有教育意义的。孩子们在学习童话的时候可以抓反复，感悟童话的中心，悟出童话的道理。

在学习的时候，我们要在每一个反复的故事情节里揣摩人物的心理想法，并做好批注。例如在学习格林童话中的经典故事《皇帝的新装》一文中，两个骗子说他们能织出神奇的衣服，能看出谁聪明谁愚蠢。

老大臣去查看布织得怎么样了，明明什么都没看见，为什么要说"啊！真是美妙极了！"？思考后批注：不能让人知道他看不见布料，他不愿意别人说他愚蠢。

皇帝亲自去看，明明什么也没看见，却说"啊！真是美妙极了！"，表现得非常满意，这是为什么？思考后批注：如果说什么也没看见，害怕别人说他愚蠢。

随员也什么都没看见，也说"啊！真是美妙极了！"。思考后批注：不想让别人知道自己什么也没看见，害怕别人说自己愚蠢，不敢说真话，或许害怕受到皇帝的惩罚。

皇帝穿着"新衣"举行游行大典，百姓都说"这衣服多么合身啊！样式裁剪得多么好看啊！多么美的花纹！多么美的色彩！"为什么所有的人都这样说？批注：大家不敢说真话，一是害怕别人因为自己没看见嘲笑自己愚蠢，二是皇帝的地位是那么的尊贵，大家要夸赞，都要说好听的，避免受到惩罚。

一个小孩子最后叫出声来："可是他什么衣服也没有穿呀！"批注：小孩子天真无邪，不知道害怕，不知道愚蠢，只是说出了自己看到的真相，说出了真话。

正是因为前四个反复结构里老大臣、皇帝、随员和百姓的害怕被嘲笑，故事情节层层递进，导致了大家相互欺骗，虚伪愚蠢，让骗子有机可乘，而天真烂漫的小孩子道出真话，却给故事带来了一个大反转。通过抓反复，找相同点和差异，就能明白这个故事告诉我们应该保持天真烂漫的童心，无私无畏，敢于说真话。

三、抓反复，创新篇

童话中反复的结构不是难点，我们要清楚地明白反复并不是简单的重复，每一次反复都会加入新的成分，或包含着情节的转折，或包含着层层递进。此外，我们还得知晓反复并不是无止境的，得根据内容需要而停止。这样的童话故事刻画出的人物形象才栩栩如生，跌宕起伏的动人情节才扣人心弦。

部编版小学语文三年级上册第三单元的单元要素：①感受童话丰富的想象。②试着自己编童话，写童话。第四单元的单元要素：①一边读一边预测，顺着故事情节去猜测。②学习预测的一些基本方法。③尝试续编故事。这两个单元的故事都用到了反复的修辞手法，如果说我们在老师的带领下了解了第三单元中反复这种修辞手法，那么在第四单元的预测过程中我们就要反复去预测故事的后续发展。预测有哪些依据呢？题目、插图、文章内容（上下文）、生活经验、生活常识……结合第三、四单元的学习，我们一定能有理有据地创编出更多生动有趣、传递真善美的童话故事。

走进一个个妙趣横生的童话故事，感受着星星眨眼、月亮微笑，灰姑娘虽身处逆境却仍然心怀美好、真诚待人……让我们一起一边读一边通过抓故事的反复，厘清故事的脉络、感悟童话的中心、合理预测精彩的未来情节、展开合理的想象，插上翅膀醉心翱翔在美妙的童话世界里。

浅谈作文细节描写的方法

重庆市渝中区大坪小学　李红博

摘　要：作文的细节描写，往往能成为作文的灵魂，让人脑中形成丰富的画面感，仿佛身临其境。细节描写也会让作文中的人物或者事物活灵活现，真实、立体地呈现在我们的脑海中。对于小学生来说，细节描写是作文写作的难点。因此，积累细节描写的方法，使自己的作文更生动形象尤为重要。

关键词：作文；细节描写

细节，是指人物、景物、事件等表现对象的富有特色的细枝末节。它是小说、记叙文情节的基本构成单位。没有细节，就没有艺术。没有细节描写，就没有活生生的、有血有肉、有个性的人物形象。细节描写大大增强了习作的可读性。

在小学语文习作中，我们会发现，细节描写是一个非常大的难点。学生在习作中往往使用叙述性的语言，没有使用描写性语言的习惯；或者不知如何使用描写性语言，更谈不上细节描写。如下面两段对比：

例1：记得有一次，爸爸喝醉了，到家很生气，就开始打人、骂人，就在那天，年少无知的我被爸爸打了。

例2：爸爸气极了，一把把我从床上拖起来，我的眼泪就流出来了。爸爸左看右看，结果从桌上抄起鸡毛掸子倒转来拿，藤鞭子在空中一抡，就发出咻咻的声音，我挨打了！爸爸把我从床头打到床角，从床上打到床下，外面的雨声混合着我的哭声。（林海音

《爸爸的花儿落了》）

由此可见，小学语文习作当中，加强细节描写的练习非常重要。如何写好细节描写呢？笔者通过收集整理资料及名家名篇的细节描写方法，梳理出以下几点。

一、在生活中调动多种感官，细致观察事物

细节本是细枝末节，常常容易被忽视，我们要有一双善于发现的眼睛，养成细致观察的习惯。如何才能做到细致呢？我们可以调动不同的感官去观察。用眼睛细细地看、用耳朵听一听、用手摸一摸、嘴巴尝一尝，边观察边想象。这样就可以做到细致观察了。比如：

> 杨梅圆圆的，和桂圆一样大小，遍身生着小刺。等杨梅渐渐长熟，刺也渐渐软了，平了。摘一个放进嘴里，舌尖触到杨梅那平滑的刺，是那样细腻而柔软。
>
> 杨梅先是淡红的，随后变成深红，最后几乎变成黑的了。它不是真的变黑，而是因为太红了，看上去像黑的。你轻轻咬开它，就可以看见那新鲜红嫩的果肉，嘴唇（chún）上舌头上同时染（rǎn）满了鲜红的汁水。
>
> ——《我爱故乡的杨梅（节选）》

作者对这小小的杨梅进行了多种感官、多角度的观察，不仅仅是看，还放在嘴里去感受，咬开去细致观察。正是这样细致的观察，才把杨梅的样子、口感、颜色、味道写得细致入微，写出自己独特的观察和感受，让人印象深刻。

二、运用美术工笔细描的方法，精雕细刻

工笔的意思是注重细部的描绘。抓住事物的特征，运用细腻的笔触，精细地描绘人物外貌和生活场景，使人或者景物形象生动逼真，给人一种呼之欲出之感。这是细节描写的常用方法。例如，

《故乡》中对闰土的描写，就采用了这种工笔细描的方法，请看其中一段文字：

> 他身材增加了一倍；先前的紫色的圆脸，已经变作灰黄，而且加上了很深的皱纹；眼睛也像他父亲一样，周围都肿得通红，这我知道，在海边种地的人，终日吹着海风，大抵是这样的。他头上是一顶破毡帽，身上只一件极薄的棉衣，浑身瑟索着；手里提着一个纸包和一支长烟管，那手也不是我所记得的红活圆实的手，却又粗又笨而且开裂，像是松树皮了。
>
> ——《故乡（节选）》

三、细化动作，延长过程，慢说细微处

作文中在能体现文章内涵、中心处，加强细节描写。如何细致呢？需要把笔触慢下来，细下来。将过程延长，细化动作，往往能达到不错的效果。如著名作家俞平伯在《打橘子》一文中，就将打橘子这个过程的动作进行了细致入微的描写，用词巧妙。

> 我们拿着细竹竿去打橘子，仰着头在绿荫里希里霍六一阵，扑秃扑秃的已有两三个下来了。红的，黄的，红黄的，青的，一半青一半黄的，大的，小的，微圆的，甚扁的，带叶儿的，带把儿的，什么不带的，一跌就破的，跌而不破的，全都有，全都有，好的时候分来吃，不好的时候抢来吃，再不然夺来吃。抢，抢自地下，夺，夺自手中，故吃橘而夺，夺斯下矣。
>
> ——《打橘子（节选）》

这段描写，既有打橘子的动作，又有抢橘子的方式，加上象声词，用词巧妙，描写细致入微，生动传神。

四、善用修辞，生动传神

在细节描写中巧妙运用比喻、拟人、排比、夸张等修辞方法，

可增强语言的生动性，变抽象为具体，使无形变为有形，能够增强表达效果，让文章更富有感染力，让描写更加生动传神，让平淡的文章富有情趣和文采。如在杨朔的《雪浪花》一文中，姑娘们惊讶于被浪花拍打过的礁石的样子时，老泰山说出的"是叫浪花咬的"，一个"咬"字采用拟人化的写作手法，显得生动传神，正是由于这股"咬劲"，才能改变礁石的模样。又如，"那礁石满身都是深沟浅窝，坑坑坎坎的，倒像是块柔软的面团，不知叫谁捏弄成这种怪模怪样"也是比拟手法，给人无限遐想。在茅盾的《天窗》一文中，写雨点落在天窗的样子时，写到"你会看到雨脚在那里卜落卜落跳，你会看见带子似的闪电一瞥"，将下雨比喻为跳脚，同时还将闪电比喻成带子，这种细微处的比喻习作手法的运用值得我们学习。

五、适当发挥合理的想象

作家车尔尼雪夫斯基认为，每一种事物与其他事物都有关联，要善于调动多种感官，不断变换角度去思考，从而产生灵感，获取各种各样的奇妙想法，然后把联想与想象融入细节描写。这样就能让自己的思路插上想象的翅膀，让描写的事物从枯燥变为奇幻、平淡变为有趣。如作家巴金的《繁星》，这篇文章写了作者不同时期、不同地点观看繁星的情景，通过细致的观察和丰富的想象，表达了热爱自然、向往美好生活的感受，给人以美的享受。

> 深蓝色的天空里，悬着无数半明半昧（mèi）的星。船在动，星也在动，它们是这样低，真是摇摇欲坠（zhuì）呢！渐渐地我的眼睛模糊了，我好像看见无数萤火虫在我的周围飞舞。海上的夜是柔和的，是静寂的，是梦幻的。我望着那许多认识的星，我仿佛看见它们在对我眨眼，我仿佛听见它们在小声说话。这时我忘记了一切。在星的怀（huái）抱中我微笑着，我沉睡着。我觉得自己是一个小孩子，现在睡在母亲的怀里了。
>
> ——《繁星（节选）》

如果仅仅实事求是地再现见闻本身，而不展开想象，那么文章往往是缺乏灵性的，也很难让人印象深刻。只有展开合理的、丰富的想象，才能使文章的内容更加丰满，表现形式更富有变化，表达的主题也更深刻。

细节是文章的源头活水，使文章描写更加细腻、生动、富有感染力，进一步升华主题。加强细节的练习，让文章呈现出生机和活力。

参考文献：

[1] 魏志彤. 浅谈作文教学中的细节描写 [J]. 中国科教创新导刊，2011（24）：119.

[2] 汪中求. 细节决定成败 [M]. 北京：新华出版社，2004.

[3] 池哲禄. 巧用细节传神韵——谈写作中细节描写的作用与技巧 [J]. 名师在线，2020（05）：68-69.

[4] 郭炫娟. 没有细节就没有艺术——例谈如何写好作文细节 [J]. 内蒙古教育，2016（20）：48.

散文类课文有效预习方法的研究

重庆市渝中区大坪小学　刘琼蔚

摘　要：课前预习是小学阶段培养学生学习能力的一个很重要的环节，本文将课前预习的必要性、方法及具体的操作方式展现出来，为学生展现出明确的学习步骤，这样做能够帮助学生习得有效的预习方法。

关键词：散文预习；方法；具体措施

《义务教育语文课程标准（2021版）》中明确提出：在阅读中了解文章的表达顺序，体会作者的思想感情，初步领悟文章的基本表达方法，在交流和讨论中，敢于提出自己的看法，作出自己的判断。能够主动进行探究性学习，在实践中学习、运用语文。具有独立阅读的能力，注重情感的体验，有比较丰富的积累，形成良好的语感。小学语文高段的课前预习尤为重要，要用有效的方法进行指导。本文将以部编版小学语文五年级上册第一单元的课文来探究课前预习的学法。

一、有效预习的重要性

（一）预习是学好语文关键的第一步

预习是一种学习方法，是指在学习某种事情之前的自学准备，从而达到更好的学习效果。预习是求知过程的一个良好的开端，是自觉运用所学知识和能力，是对一个新的认识对象预先进行了解、求疑和思考的主动求知过程。面对一篇新鲜而生疏的课文，产生一种求知的愿望，在这种内动力的驱动下，主动地去研读课文。在预习的过程中，不可避免地会遇到一些新的知识，应竭力地运用所具备的知识和能力去了解、分析和吸收。勾连和融汇就成为一种自觉的行为，一则有利于对旧知识的回顾和复习，乃至运用；二则有利于培养自觉思考问题的习惯，提高分析问题、解决问题的能力。维果茨基认为，儿童真正有机制的重要发现是在与教师或指导者的交流和合作中完成的。在这个过程中，教师通过语音、动作等来传递信息，而儿童不断地去理解教学内容，然后将这些信息内化，用以指导自己的行动。

（二）有利于培养和提高学生自学能力

课前预习实际上是学生通过自己的思考，对新知识进行自学。在学校，教师能教给学生的只是最基本的知识。大量的新知识需要学生在以后的学习中不断去探索。因此，学生从小就培养自学能力，预习正是过渡到自学的必要步骤。对于小学高段的学生来说，预习也是培养能力的一种更有效的学习方法。通过对课前预习现状的了解，提出有效建议及方法，促使学生进行有效的学习，为小学高段甚至是中学的学习打下坚实的基础。

（三）有利于学生提高听课效率

学生在预习新课文时，会有不懂的内容，这属于正常现象。课本中看不懂的地方，往往就是教材的重点、难点，或学生学习中的薄弱环节。弄懂这些不明白的地方，恰好是学习深入的关键所在。预习时可以把这些看不懂的地方记下来，上课时特别注意听教师是怎么解决这个问题的。这样，听课的目的非常明确，态度积极，注意力也容易集中，听课效果肯定会更好。

二、散文课文的特点

首先，散文有一个很显著的特点是"形散而神不散"，其中"形散"主要是说散文取材十分广泛自由，不受时间和空间的限制，表现手法不拘一格，不仅可以叙述事件的发展，可以描写人物形象，可以托物抒情，可以发表议论，而且可以根据内容需要自由调整、随意变化；"神不散"主要是从散文的立意方面说的，即散文所要表达的主题必须明确而集中，无论散文的内容多么广泛，表现手法多么灵活，都无不为更好地表达主题服务。其次，意境深邃：注重表现作者的生活感受，抒情性强，情感真挚。最后，语言优美：所谓优美，是指散文的语言清新明丽，生动活泼，富于音乐感，行文如涓涓流水，叮咚有声，如娓娓而谈，情真意切。这些特点对于小学生来说还是比较不容易理解。根据现阶段小孩的认知水平，结合单元的学习要点，整理出一些浅显易懂的特点：第一，散文语言优美适合朗诵；第二，散文用来抒发作者对生活、事物的感受或体验；第三，散文是借用事物来抒发感情或者是借助具体事物来赞扬某种优秀的品质（拥有优秀品质的人）。

三、具体的措施

王崧舟老师在《语文的生命意蕴》中提到语文课堂中教师要帮助学生解决的问题大致是：第一，要读懂题目，要去抓出题目中所要告诉我们的关键信息；第二，明白作者为什么会以这个为题、为什么会这样来写；第三，作者通过这样一段文字抒发了怎样的情感，你又有怎样的体会，和作者产生了怎样的情感共鸣。其实学生在预习阶段也是初步地去感受和解决这些问题的，以便在课堂上和教师进行交流、学习。学生在预习时除了解决这几个问题，还应该先去了解整个单元，整体浏览一遍，预先形成一个知识系统，明确单元要点。下面以部编版小学语文五年级上册第一单元作为范例进行方法的展示。

第一，了解单元的概况。本单元以"一花一鸟总关情"为主题展开。要求我们学习的阅读方法是：初步了解课文借助具体事物抒发感情的方法。学习的表达方法是：写出自己对一种事物的具体感受。明确这三点以后，就可以清晰自己在本单元要干些什么。

第二，读懂题目。这一单元的题目都很明确：郭沫若的《白鹭》，许地山的《落花生》，琦君的《桂花雨》，冯骥才的《珍珠鸟》。从《白鹭》和《珍珠鸟》这两篇课文的题目我们就可以看出作者是对这两个可爱的小动物来抒发自己的情感。我们就可能会有"怎样的白鹭会让作者专门来写它""这只可爱的珍珠鸟是什么样子的"这些问题的出现。《落花生》和《桂花雨》这两篇课文的题目一看就会觉得很有意境，这时我们就可以有"花生为什么被称为落花生""什么样的雨才能被称为桂花雨""桂花雨到底指的是什么"等一系列问题。如果学生在这一步有了这些问题的思考，就说明学生开始读懂题目了。

第三，感受文章的语言。《白鹭》像是一首文质兼美、清纯自然、别有情趣的散文诗；《落花生》对话简洁，语言朴实；《桂花雨》语言恬淡，平和温暖；《珍珠鸟》语言活泼生动，富有趣味性。在预习的时候能够初步关注文学语言的表达特点，感受文字带来的画面感。

第四，初步感知作者抒发了怎样的情感。《白鹭》的作者郭沫若，描写了白鹭平凡而高贵、朴素而高洁的美。《落花生》的作者许地山，通过叙写收获节中父亲与孩子们的对话，借花生表达了要做像花生一样"不炫耀自己、默默奉献"的人的意愿。《桂花雨》的作者琦君，借故乡的"桂花香"与"摇花乐"，表达了对故乡的思念。《珍珠鸟》的作者冯骥才，通过描写"我"与珍珠鸟逐渐建立起来的亲密感情，表达了"信赖，往往创造出美好的境界"的感慨。

第五，回归到字词。字词的积累学习在小学中还是很重要的，所以基础字词无论是在哪个文体的预习中都是必不可少的。

四、总结

　　以上仅是一个预习学法的思考。小学语文高段的课前预习尤为重要，就自己班上的学生而言，他们的课前预习效果不佳，课堂所呈现的效果也不好。需要有效的方法进行指导，必须经过长期的训练才可习得。

把数学"说"出来

重庆市渝中区大坪小学　刘韵雯

摘　要：数学的学习过程往往更重视学生的思维发展，强调逻辑性和系统性。而"说"是让学生思维外显的重要方式。通过"说"，我们能增加课题的趣味性、交互性；通过"说"，教师能更好地掌握学生的学习情况；通过"说"，学生能内化知识，厘清逻辑。"说数学"是小学阶段重要的学习方法之一，因此，本文将结合教学实际，对"说数学"这一学习方法进行分析和探讨。

关键词：说数学；思维；学习方法

谈到"说"，很多朋友不会立刻联想到"数学"学科，殊不知在数学里其实也藏着"说"的门道。在生活中，我们常常用语言来表达自己的观点，而在数学中，语言更是梳理思维的重要工具。《义务教育数学课程标准（2021版）》中也指出：学生学习应当是一个生动活泼的、主动的和富有个性的过程。除接受学习外，动手实践、自主探索与合作交流同样是学习数学的重要方式。可见，把"说数学"当作重要的学习方法传递给学生，让学生能说、会说，往往可使学习起到事半功倍的作用。学生们的"说"，不仅能帮助他们启发数学思维，发现知识的内在逻辑，还能通过合作交流，提高学生的学习主动性，丰富课堂的学习氛围。

一、"说数学"的现状及技巧

从现阶段的实际情况来看，我们的数学课堂常常还是教师

"说"得多，学生们不敢"说"，怕"说"错，更是早已习惯了"听大于说"这样的学习模式，导致"说数学"的方法没有发挥出应有的作用。要改变现状，我们首先要理解数学的"说"和语文的"说"并不是完全一样的，数学更重视"说"的条理性和逻辑性，要求"说"的内容简洁、清晰、规范。至于如何来"说"，我认为可以从以下三个方面加以思考。首先，教师应规范自身教学语言，注意表达的清晰度和完整度，在关键的地方做好示范，要易于学生的理解和模仿。其次，教师需营造一种开放的课堂氛围，让学生们敢于提问，乐于表达观点，享受"说"的过程。最后，教师要帮助学生更好地"说"，一方面应严格规范学生的数学语言，另一方面在学生说得不清楚时及时纠正，使学生知道应该怎样来"说数学"。

二、"说数学"的应用

（一）"说一说"更好算

计算是数学学习的一大基础板块，学习时，我们往往需要学生先掌握一些基本的规则，再一步一步往下走。例如在一年级学习20以内的加减法时，我们教学生用"凑十法""破十法"来找到运算技巧，厘清运算规则。掌握了基础的运算后，我们还要教学生学习笔算，数字越大，符号越麻烦，计算的难度也越高，计算规则也越复杂，这时要让学生在理解算理的同时记住运算法则，"说一说"就是一个最好的方法。

例如在教学"商中间有0的除法"一课时，面对较为复杂的除法竖式，我是这样处理的：

引入：出示"$0÷5=?$"的算式。

师：这个除法的被除数是什么？除数是什么？那商是什么？你是怎么思考的？

生：$0÷5=0$，因为0代表没有，除以5代表平均分成5份，把0的平均分成5份，每份也就是0。

师：你很会思考，通过一个简单的故事得出了结论，谁再来说一说？

（再请1~2个学生说）

师：同学们很厉害，刚刚大家用除法的意义得出了结论。我们接着看这个算式："208÷2=?"你们会计算吗？请你说一说你是如何计算的（见图1）。

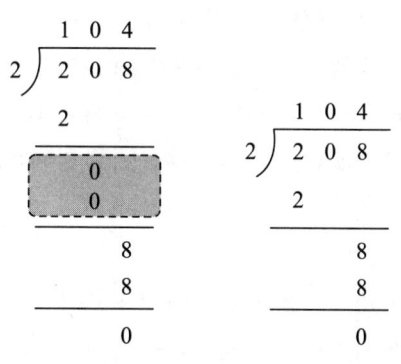

图1 计算过程

学生汇报：从高位算起，当计算到十位时，由于被除数是0，0除以2得0，所以十位要商0。0和除数2相乘得0，0减0得0。

总结：除法计算要注意什么呢？（说算理）

可以看到，在学习计算时，我们不仅要关注步骤，把过程说清楚，更应该理解算理，把原因说明白。不仅要说，还要反复说，让学生在"说"的过程中，计算越来越熟练和准确。

（二）"说一说"更好量

在四年级学习"角的度量"一课时，为了发展学生的空间观念及操作和作图的技能，学会正确地使用量角器，我们也让"说数学"频繁地出现在课堂上。

师：同学们，我们认识了量角器，但是量角器上有两圈刻度，到底该读哪一圈呢？你会读吗？来试一试，这个角谁来读？

生：这个角是60°。

师：你是从哪儿数起的？

生：我是从内圈零刻度线数起的，我读的是内圈刻度。

师：这个角呢？

生：这个角也是60°。

师：读的是哪一圈刻度？

生：我读的是外圈刻度。

师：这个角为什么就读外圈刻度呢？

生：因为这个角的其中一条边在外圈零刻度线上。

师：这两个角有一条边都指着同一条刻度线，一个读的是内圈刻度，一个读的是外圈刻度。那读哪一圈刻度到底怎么看呢？

生：看它的一条边在哪一条零刻度线上。

师：还有谁想说？

生：要看这个角的一条边是在内圈零刻度线上还是在外圈零刻度线上。如果是在内圈零刻度线上，就读内圈刻度；如果是在外圈零刻度线上，就读外圈刻度。

师：现在，请一个同学来总结如何用量角器来测量角。

生总结：先把角的顶点和量角器的中心互相重合，再把角的一条边和量角器的内圈零刻度线重合，然后看另一条边在哪个刻度上，最后读出刻度。

（三）"说一说"更好解

解决问题板块对学生的逻辑思维有着较高的要求，在教学时，我们往往要求学生厘清思路，不停地通过"说"来辨析问题，找到解决方案。从"说"信息，到说"算式"，再到说"理由"，最后到说"方法"，通过这样"说数学"的方式，让整个学习过程无比流畅。

例如在教学"利用估算解决问题"一课时，需判断358＋218是否大于500，学生们是这样说的。

生1：电话机358元超过了300元，电吹风218元超过了200

元，300+200=500，所以，358+218的结果一定比500大，带500元肯定不够。

生2：300元比358元小。200元比218元小。当两个价格都估小了，这时估的价格肯定比实际的小，而估的价格刚好是500，一定是比实际不够的。

师：大家听懂这两位同学的想法了吗？谁能再说一遍。

……

遇到这样较为复杂的问题，当一个同学"说"思路时，其他人往往似懂非懂。当第二个同学继续"说"，甚至在前一个基础上总结提炼时，懂的人增加了。当教师继续叫不同水平的同学起来"说"时，问题就在"不会说"到"会说"这个过程中被解决了。

三、"说数学"的意义

对于小学阶段的学生来说，感性经验丰富，正处于从形象思维到抽象思维的进化阶段，这个过程随着知识的增加不断反复持续，相对来说并不轻松。在数学学习中，我们通过时时"说"，反复"说"，往往可以使学生厘清思路，把握知识的内在逻辑，对学生抽象思维的建立和形成有着地基式的作用。同时，"说数学"能运用到数学的大部分内容中，我们鼓励学生在学习中灵活地"说数学"，广泛地"说数学"，用"说数学"的形式领悟新知、交流合作、检验学习成果，可让学习过程趣味横生，学习效率大大提高。

注重"口算乘法"学法，提升学生综合素养

重庆市渝中区大坪小学　雷　正

摘　要：口算是小学数学课堂学习的重要内容。口算是笔算、简便计算、估算等所有计算的基础，特别是在小学低段中显得更为重要。口算教学看似简单，实则不然。教师如何在新课程新理念下开展更为有效的口算教学学习呢？本文主要打破以往学习观念，用人教版中"口算乘法"这一课为实例，站在学生的角度，去分析总结口算学习课堂教学学法指导，重视学法，以此促进学生综合素养的提高。

关键词：口算乘法；学习方法；综合素养

《义务教育数学课程标准（2021版）》在其"数与代数"的数学教学中指出：重视口算。口算在低年级的教学中更显其重要地位，因为它既是笔算、估算和简便计算的基础，又是小学生计算能力的重要组成部分。口算具有用时少、容量大、速度快、效率高的特点，也是培养学生数感的好方法。

现在的学生相比其他的计算方式，他们都更为喜欢口算。然而在平时的作业中，口算出差错比较多，教师和家长大都将其原因归纳为"粗心大意"。同时如今的许多数学课堂都忽视了口算教学，也忽视了口算教学中以学生为主体、以学生为中心的重要目标，甚至使得口算渐渐离开了我们的数学课堂。其实学生在口算中出现差错和我们老师的口算教学有很重要的联系，我们只有加强口算教

学，对症下药，才能培养学生口算的能力。作为教师而言，看似越简单的课其实才是更难上的，那如何在新课程标准下的数学课堂中体现以学生为中心、以学生学法为主的课堂呢？我认为"口算乘法"有以下几种学习方法。

一、"数学阅读"发现学习法

很多教师在教学时都忽视了数学的阅读，他们大都是把准备好的内容直接讲述或者间接转述给学生，学生也只是被动地接受和理解，于是经常会出现一节课讲完了，好些学生没理解多少的现象。因此，我们应该重视学生的"数学阅读"，学生在边阅读边思考的过程中，就有了自己的认识与理解，再通过学生之间的思维碰撞，就会迸发出智慧火花，这样的"数学阅读"就可以取得事半功倍的效果。下面以三年级上册"口算乘法"为例。

例：出示教材第56页主题图。

师：请同学们打开课本56页，说一说，在琦琦阿姨这个游乐园里你都看到了什么？仔细阅读内容并提炼重要信息。

学生汇报阅读后的重要信息。

生1：我发现这个游乐场有5个游乐项目。

生2：我发现有2个小朋友在玩旋转木马。

生3：我发现旋转木马旁边有3个小朋友在玩碰碰车。

生4：我发现了更为重要的信息，我看到了上面的价格表，其中最便宜的是旋转木马5元，最贵的碰碰车要20元一个人呢。

……

二、提问释疑学习法

培养学生阅读数学信息并能提炼重要信息是一种很好的教学方法。有了这样的铺垫，接下来就得让同学们去寻找疑问，能试着提出自己的问题。陶行知先生就说过："创造始于世界，有了问题才会思考，有了思考，才有解决问题的方法，才有找到独立思路的可能。"所以提出一个问题比解决一个问题更为重要，特别是提出一个好问题，它不仅需要学生的勇气和具有提问的意识和能力，而且还需要学生具有一定的洞察能力。同时，教师还要对学生提出的问题进行鼓励和引导，只要学生提出了问题，不管这个问题多么简单，都要给予积极的鼓励和认可，因为可能这个问题对于我们而言很简单，但是对于他们来说，可能就是迈向成功的第一步！

课堂实例展示：

师：同学们细心观察，你们能根据课本56页图中的内容和价格表提出用乘法计算的问题吗？

师：给大家30秒的时间静静地思考一下。

学生积极思考。

生1：玩旋转木马每人5元，4人要多少钱？

师：你真能干，不仅第一个举手而且问题提得好！

生2：玩激流勇进每人10元，5人要多少钱？

师：活学活用，真厉害！

生：老师我还能提除法计算的算式。

师：可以吗？那就试一试吧。

生：小朋友们玩旋转木马一共花了45元，每人5元，请问有多少小朋友？

师：真厉害！给你点赞。那还有其他同学会提用乘法计算的问题吗？

生3：玩过山车每人12元，6人要多少钱？

……

三、自主思考列式学习法

随着目前数学新课程目标的实施，我们的教学方式也发生了变化。把以前被动的课堂转化成主动、互动的课堂，变"灌输式"的课堂为"启发式""问题式""分享和交流"等的课堂。这样的课堂，学生的学习才有活力，才有思维的碰撞，才有"理解算法"过程中的精彩！

课堂实例展示：

课件出示教材第 57 页例 1 问题。

师：同学们，我们的琦琦阿姨遇到点问题需要你们帮帮她，请哪个同学读一下？

生：玩碰碰车每人 20 元，3 人要多少钱？

师追问：你们会列式吗？这个算式表示什么意思？

先列式，再把你列出的算式和同桌分享交流一下。

生1：20×3＝60，想 3 个 20 的和，也就是 20＋20＋20＝60（根据乘法的意义转化为加法计算）。

师追问：为什么要添 0 呢？

生2：20×3＝60，因为 2×3＝6，所以 20×3＝60（先看做表内乘法计算，再后面添0）。

生3：20×3＝60，想 2 个 10 乘 3 是 6 个 10，也就是 60（根据数的组成转化为表内乘法计算）。

师：同学们真厉害哦！给你们点赞，发现这么多计算方法。

四、类比迁移学习法

一节好的课堂就是本节课学生是否对所学的知识进行升华。而这种升华最好先让学生自觉去观察并总结之前的知识，再利用好前面学过的知识去解决后面的问题。数学知识要学会迁移，对于低年级的学生而言，其实他们已经具备了这种能力，只是有些教师平时在教学中忽略了他们这种能力的体现。迁移过后，教师还要让学生对自己的迁移过程进行分享，让学生多表达这个过程，才能让学生的学习效果更佳。

课堂实例展示：

师：同学们，你们能不能根据上面的计算方法和结果推算出 200×3 得多少吗？

要求：

（1）同桌讨论交流结果。

（2）推算出 200×3 的口算方法。

学生汇报：

生：200×3=600，200 就是 2 个 100，2 个 100 乘 3 是 6 个 100 就是 600。

师：那 400×4 怎么说呢？

师：500×4 呢？

……

很明显，对于口算教学，学生先通过阅读与总结，提炼题中关键信息，再提出自己的问题，然后通过学生之间分享交流，并用实践操作去理解算法，接着学生自主观察与总结，类比迁移、拓展，最后巩固练习。这样一节口算教学，可使学生的学习效果达到最佳。总之，相信学生，把课堂还给学生，让教师去引导，师生共同总结提出"口算乘法"学习的方法，这样不但能发展学生灵动的思维，提炼出学习方法，而且使学生变得更有口算智慧，更有问题价值，更有数学思维！

参考文献：

[1] 朱晓慧，杨丽君. 从"教法"到"学法"——关于教育理念转变的几点思考 [J]. 科教文汇，2018（02）：36－37.

[2] 裴显钱. 新课程下自主、合作、探究模式的历史教学实践 [J]. 考试（教研版），2008（01）：84－85.

小学低段美术课绘画装饰学习法

重庆市渝中区大坪小学　韦　钰

摘　要：绘画作为小学美术教学的重要内容，对于丰富学生美术基础知识，提升学生审美能力都起着重要的作用。对作品进行装饰是一种常用的绘画表现形式，是让学生对美术知识有了直接的表达，充分激发了学生学习美术的兴趣。运用不同的装饰方法既让学生更容易理解和接受，也让学生很快掌握绘画技巧，不断提升学生的想象力，激发学生的美术创造力。

关键词：小学美术；装饰方法；创造力

在小学低段美术教学中，我重视儿童绘画装饰学习的方法，从培养学生的绘画兴趣入手，通过分阶段地进行教学活动，使学生掌握了一定的绘画技能和基本知识，同时也增强了学生对周围事物的感知与表达能力，提高了审美意识，培养了创造性思维。我将以执教的湘版小学美术一年级上册第10课"我的拼音卡片"课例做一个分析，本课属于"设计·应用"学习领域，让学生学会运用装饰学习的4个方法，将"读、画、做、玩"融于一体。

一、装饰欣赏法

"孩子们，我们教室里来了一群可爱的小不点，看，它们是拼音。今天它们要参加一个盛大的化装舞会，听说我们一年级×班的小朋友爱动脑筋，画又画得好，特地跑来请你们为它们打扮一下，想一想，用什么方法可以让它们变得漂亮呢？"

学法，无尽的追问

学生说出了可以涂色、画线条等方法后，我就出示了用这些方法已经装饰好的课题（见图1），让学生直观地看到花纹装饰法。"美是到处都有的。对于我们的眼睛，不是缺少美，而是缺少发现。"通过欣赏装饰的拼音字母，为孩子们心灵播种一颗美的种子。

接着出示日常学习的拼音卡片和老师绘画的卡片的对比图，让学生找找外表有哪里不一样。通过新旧对比，学生感受到装饰美化带来的美的感受，加深装饰欣赏对学生的积极作用。

图1 装饰欣赏法

二、花纹装饰法

"孩子们，老师用画笔描绘了拼音字母不一样的美，我们一起来看看被赋予魔法的拼音字母吧。"请学生观察这些拼音卡片都是怎么装饰的，然后自主探究，有折线、曲线、绕圈圈的线条；有半圆形、长条形的形状；有黄色、橙色、蓝色、红色、绿色等丰富的色彩。我们小结得出：像这样用各种点、线、面、鲜艳的颜色去装饰美化的方法称为花纹装饰法（见图2）。

图 2　花纹装饰法

这种方法简洁、直观，学生的学习积极性被调动起来，学生既可以清晰地看到拼音字母外形，又可以发现它们用花纹装饰的方法让拼音像穿了一件花衣裳一样变得更漂亮。

三、联想装饰法

接着引导学生讨论还有什么装饰方法？让他们对字母 h 进行单个角度观察联想。

"从字母 h 联想到了什么？"

"长颈鹿。"

"椅子。"

启发学生对拼音字母的外形与生活中熟悉的事物进行联想，可以联想到动物、生活中的人物、日常用品等。这种方法更具有伪装性和神秘感，它加大了学习难度，拓宽了装饰方法，让装饰方法变得更加好玩，让学生的思维变得更加开阔（见图 3）。

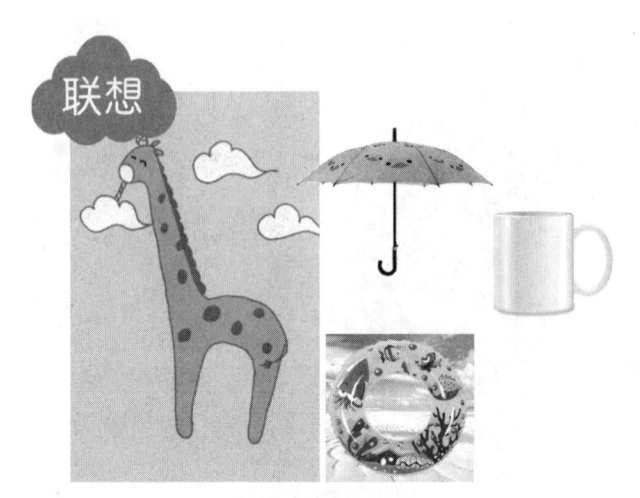

图3 联想装饰法

然后在学生对单个字母进行联想的基础上，把字母转变角度，让学生通过多角度的观察产生更多的联想。

当拼音字母n和k转换角度时，我们的联想也发生了变化，就像这样（见图4）。

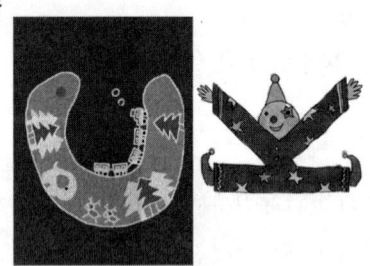

图4 多角度观察联想

学生探索和思考装饰拼音卡片的方法，让他们能够从多角度进行联想装饰，从而设计装饰出更有趣、更有创意的拼音字母作品，进一步开拓学生思维，发展创新意识。

在学生掌握了花纹装饰法和联想装饰法后，学生已经会运用线条、形状、色彩对卡片进行装饰。此时，教师出示各种装饰的拼音卡片，让学生感受美化生活的乐趣，他们都迫不及待地想要装饰自己的拼音卡片了（见图5）。

"我是拥有两种心情的大 U，一半是平常的，一半是特别开心的。"

"我是带着大家在大海航行的大船 W，充满欢乐。"

"我希望 O 是地球的一个温暖大家庭，有漂亮的风景。"

……

图5　孩子们装饰的拼音卡片

四、装饰拓展法

课堂最后学生一起欣赏装饰美化的生活中的景物：把房子涂刷美丽的色彩之后变得像梦幻天堂（见图6）；食品包装装饰美化后变得漂亮诱人（见图7）。

美术无处不在，在人们的生活中，到处都是艺术的氛围，随处可见美术的气息，小小的食品包装，大大的房子……随处都需要用到美术，美术和生活紧密相连。

图 6　美丽色彩的房子

图 7　漂亮诱人的食品包装

　　装饰拓展将课堂推到更高的思想领域，聚焦美术核心素养，在学习中提升美术素养。我们学习美术的目的在于用美术的知识，用美的眼光去改变我们的生活，创造美好的未来。

　　在"我的拼音卡片"课堂里，学生分阶段运用四种装饰学习法在每一个环节，每一个知识点的掌握理解度效果都非常好，同时也树立了学生自我认知的自信，顺利完成教学目标。最后学生的作业展示出缤纷多彩的装饰字母，灵动的线条、鲜明的色彩勾勒出美丽的童真世界！

微课在小学信息技术课堂中的应用及实践

重庆市渝中区大坪小学　吴　刚

摘　要：自2009年起，微博以其互动性和参与性强、信息传播速度快、目标明确的特点风靡，以微博为代表的"微文化"逐渐渗入我们的生活、工作和学习中，拉开了"微"时代的序幕。而微课发端于微博，以微型教学视频为主要载体，围绕课堂内外某个学科知识点或教学环节，拍摄、收集、剪辑相关视频资料制作而成。本文重点针对微课在小学信息技术课堂中的应用及实践展开阐述，供同行参考与指正。

关键词：微课；小学信息技术课堂；实践

随着网络和信息技术的快速发展，社会已经步入信息时代，各种资源共享和信息交流成为时代的标志，在这样的背景下，微课教学应运而生。由于微课教学符合新课程的教学理念，对教学有极大的促进作用，故在教学实践中受到广大教育工作者的欢迎和推广。

一、微课与传统课堂的关系

微课是一种短小精悍的教学方式，受到了师生的广泛关注和喜爱。本文从微课与传统课堂的相互关系出发，探讨了各自的优缺点，提出相互融合可以发挥各自的长处，获得更为理想的教学效果。作为一种新型的教学资源，微课有没有可能改变传统的课堂教学模式或教学结构呢？

答案是否定的，传统意义上的"课"几乎被局限在一个封闭的空间里——教室。在这个封闭的空间里，教师和学生容易排除外界的干扰，围绕教学目标进行教与学。在这个封闭的空间里，教师一般是主导者，具有较大的权威，以保证课程的顺利进行和目标的实现。一堂课的时间基本是固定的，在40分钟上下，课与课之间休息5~10分钟，这比较符合人的生理心理特征。一连串的"课"构成一门课程，就像一条标准化生产线，非常利于教学组织与管理，这也是课堂教学模式能够延续的原因。

微课的出现，虽然打破了传统的教学方式，但并不是传统意义上的课或课程，而是一种数字化教学资源，能够满足学生对不同学科知识点的个性化学习、按需学习，既可查缺补漏又能强化巩固知识，是对传统课堂学习的一种重要补充和拓展。微课短小灵活，要么在网络中运行，要么在单机中运行，既可以辅助教师的教学，又可以让学生进行自主学习。

此外，微课虽然是近些年出现的新名词，但其理念和基本形式不应该是在线教学的沿袭，如果它能够在全部课堂教学中使用的话，将会耗费大量的人力和物力。制作一段5~10分钟的微课视频，前期准备工作时间是几十倍的，而这还是要在对课程内容相当精熟的基础上才能完成的。微课不可能代替完整的课堂，更多的是辅助某一教学环节，比如课前预习、课后总结、化解重点与难点。

二、微课适用范围

通过对一般教学过程的总结归纳，一般把微课辅助教学过程分为五个阶段，即"课堂导入""课堂讲练""组织讨论，反复强化""提炼方法，总结归纳""成果展示，意义拓展"。在这几个阶段中，微课适用于"课堂导入""课堂讲练"这两个部分，通过细致分析每个阶段使用微课引起的教师教学活动和学生学习活动的改变，提炼出基于微课的小学信息技术课程教学实施图，在具体的课堂教学实践过程中，教学过程可以依据具体情况做出适当改变。

（一）微课课程导入阶段

课堂情境的创设是上好一堂课的关键，情境源自教学需要，且要符合实际，尽可能从实际生活中寻找素材，从学生的生活中寻找，让学生找到共鸣点，这样一下就抓住了学生的注意力，就能实现情境导入的理想效果。但情境创设要做到源于生活且适合教学需要不是一件很容易的事情，需要教师从课程内容出发，寻找生活素材与课程内容的结合点，将其采集、加工后即可作为新的教学素材使用。

（二）微课课堂讲练阶段

课堂讲练阶段是教学过程中最重要、最核心的步骤之一，一般在 15 分钟到 20 分钟之间。在传统教学过程中，整个讲练阶段是由教师告知学生教学目标和教学重难点，对学生应在课堂中掌握的知识进行系统讲解，由学生凭记忆和笔记对所讲内容进行适当练习几个步骤组成。传统信息技术课堂环境，教学内容由教师系统地讲述，学生面对的是计算机屏幕，久而久之会产生心理倦怠；教师通过广播教学软件掌控学生的注意力，学生的主体作用得不到体现，学生的学习兴趣也会有一定程度的降低。这种"教师主讲，学生听讲"的教学方式对教师备课能力有很大考验，虽然能加深学生对所学知识点的记忆，但是作为长期教学手段使用，教学效率相对较低，会限制学生的全面发展。

微课按照教学内容和教学难点制作成简短的视频课件，教师既可以从已经制作好的资源库中选取相应的章节，也可以按照课堂具体安排自行录制。这样能够增加课堂教学的灵活性，既可以由教师进行讲解，也可直接由学生自己进行相关学习。对于学生自主学习时遇到的困难，教师还可以进行相关监督和指导，对学生遇到的问题做好记录，在下面的课堂小结中做有针对性的讲解。这样，学生成为课堂讲练阶段的主体，教师则作为学习的监督者和指导者，课堂秩序有条不紊，学习效果也能得到相应的提升。

三、总结

　　微课对于传统教育的冲击可能是巨大的，但它终归只能是在"点"（重点、难点、关键点、知识点等）的运用上，微课对传统教育并不会产生实质性的影响，它的影响更多体现在手段、开放性、个性化上，也就是说，微课的出现将使得课堂教学的差别化加大，精彩程度大为提高。

　　小学信息技术的重点和难点在于信息技术的解析、实践操作的完成和信息素养的培养，这些都可以通过微课教学来诠释和延伸。教师在教学过程中一定要加强微课教学模式的应用，利用其对传统教学模式的创新，带动信息技术教学的直观化和具体化，进而提升课堂教学质量。

多种学法在美术课堂上的应用

重庆市渝中区大坪小学　张建平

摘　要：教育家陶行知先生曾说：手脑双全，是创造教育的目的。这与美术课程的实践性不谋而合。较以往而言，现在的美术课更加注重与学生生活经验的紧密关联，强调眼、脑、手的共同协作，动手能力与观察能力、想象能力和创造能力同等重要。

关键词：动手能力；创造能力

为了更好地让学生在课堂上手脑并用，我以湘美版小学美术四年级上册第14课"蝴蝶落我家"为例，总结出以下几种学法。

一、探索学习法

因为本课属于"造型·表现"领域，因此体验感很重要，加之课堂重点为学会用镂空方法来制作蝴蝶，所以第一步就开始让学生在探索中学习：给出成品，让学生自己探索，通过交流、动脑、动手，自己找到制作方法，这样一来，不仅能让学生体验到探索的乐趣，也更能加深对基座制作方法的记忆。过程如下（见图1）：

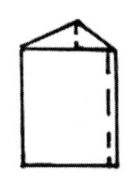

图1　制作好的立方体

师：同学们，接下来我们就要拼脑力了，每组的桌面上都有三

学法，无尽的追问

个制作好的立方体，你们可以将它们拆开，比划比划，看看哪一组能最快找出它们的制作方法。

以比赛的方式，可以激发学生的良性胜负欲，他们迫不及待地想要找到答案，或相互讨论，或直接开始制作，无论哪种，都能让他们找到最快最适合自己的方法。之后再结合大家的总结，加深印象、巩固记忆，最终将这些方法内化为学生自己的技法。

师：谁来展示一下，你们所找到的方法？

生：圆柱最简单，直接裹起来粘上就好了。

生：长方形对折两次就好了。

但是这里有个小细节，有的同学会忘记留粘贴的位置，因此我会继续提问。

师：好，那么问题来了，老师也是用你们对折两次的方法做的，但是为什么粘不上呢？

生：因为没有把粘贴的位置留出来。

师：关键问题抓得非常准，因此我们就要像图中一样，先预留出粘贴部分，再进行接下来的对折（见图2）。

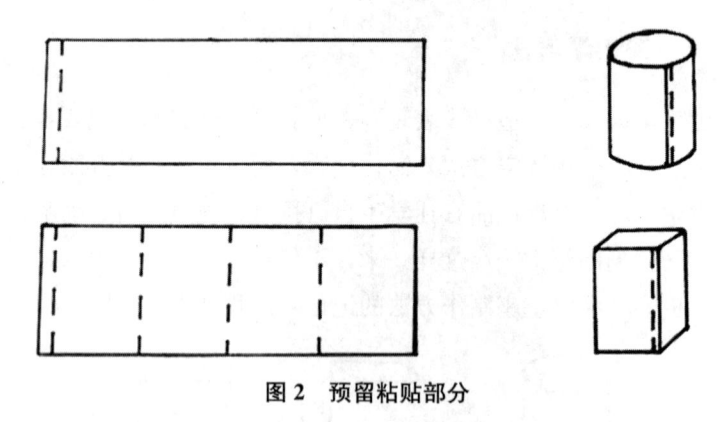

图 2　预留粘贴部分

师：这个三棱柱就不是对折两次能做到的了（见图3），你们有什么好方法吗？

图3 三棱柱

生：有个最简单的办法，先做个圆柱，然后大致找到三个角的位置，一折就出来了。

当时这个同学让我很惊讶，最开始我想的是用尺子量三等份再折。我在构思这个方法的时候就感觉描述起来很复杂，没想到学生还能找到这么便捷的方法。由此看来，自主的探索学习，不仅能激发学生的求知欲，还有助于他们找到最优的答案。

学生除了掌握立方体的制作方法，还要学会用镂空的方法制作蝴蝶，继续沿用探索学习法，先给成品，再自己摸索。

师：我们提高难度，这个蝴蝶又是怎么做出来的呢（见图4）？

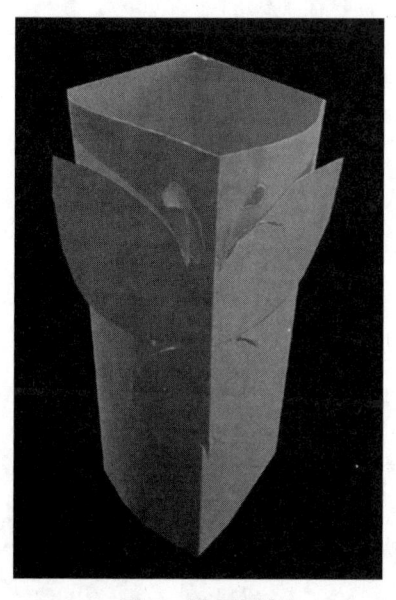

图4 镂空蝴蝶

生：剪。

师：言简意赅，总结得很精准，那具体又该怎么剪呢？给大家几分钟时间，选个自己喜欢的立方体，在上面剪一剪。

在这期间，会时不时发出几个声音："哦豁""遭了""断了"，其实这是我意料之中的，因为这里有个难点：蝴蝶不能全部剪完，必须留一部分在立方体上，不然就会出现他们刚才发生的"意外"。让他们先犯错，才能让他们牢记"教训"，比起我直接公布答案，这样的效果更事半功倍。

师：看来大家遇到不少问题，我看有的立方体都留不住蝴蝶，直接掉了，谁来告诉我这个问题应该怎么解决？

生：蝴蝶不能全部剪完，要留一点点。

师：那看看老师这样剪对不对。

此时公布答案，看老师示范如何剪，不仅把课堂还给学生，同时也将老师的作用发挥到最大：在学生有需要的时候才出现，其余时间留给他们"搞研究"。完全不用再像以前一样，一直絮絮叨叨讲个不停，现在只需要在关键的地方点一下就行。

二、感受学习法

学生在很小的时候就知道蝴蝶美，但自然界中的蝴蝶究竟美在哪里？这就需要从视频中去感受。

师：我们都知道蝴蝶美，那蝴蝶究竟有多美？接下来这个视频将会为我们解答（见图5）。

（截取个别图片）

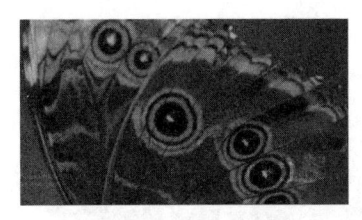

图 5　蝴蝶视频截图

视频之后我会问道："蝴蝶美吗？你觉得最美的地方是在哪里？"学生会说到形状、颜色和花纹，让蝴蝶多种多样的美印在脑海里，为之后的创作做铺垫。

三、总结学习法

这个环节主要总结蝴蝶的外形和花纹。

师：这些蝴蝶的花纹各不一样，你们能总结出哪些花纹呢？

生：像圆形的，还有一根一根，黑色的那只身上还有很多蓝色。

师：蝴蝶的花纹各有特色，将同学们的回答总结起来，即蝴蝶的花纹由点、线、面组成。

四、对比学习法

四年级学生对颜色的认识不能只停留在鲜艳、好看上，应该对颜色有一些基本的认识。

师：要让我们手中的蝴蝶更加栩栩如生，当然少不了色彩的点缀，今天我们来认识两种关于色彩的专用名词——近似色和对比色，仔细观察下面两只蝴蝶（见图6），谁运用了近似色，谁又运用了对比色？

图6 近似色和对比色

如果用单个图片让学生选择，他们可能会模棱两可，但如果是两张图片对比起来那就不同了。图片给人最直观的效果，通过对比，很容易就选出黄色的是近似色，黑色的是对比色。继续追问为什么黄色会是近似色。从字面意思反推回去，就不难理解：这些颜色尽管不同，但非常相近，因此就叫近似色，给人一种很柔和的感觉。相反，黑色的那只，颜色很丰富各不相同，而且有特别明显的深浅对比，因此我们就称它们为对比色，给人一种明快、醒目的感觉。

课标指出美术课程力求体现素质教育的要求，加强学习活动的综合性和探索性，使学生在积极的情感体验中发展观察能力、想象能力和创造能力，提高审美品位和审美能力。这就意味着在美术课中，教师的教法和学生的学法都不再是一成不变的，因课而定，因具体情况而定。但是万变不离其宗：当今课堂的主角不再是教师而是学生，只有充分调动学生的主动性，才能更好地培养出全面发展的优秀人才。

创造性思维学习法

重庆市渝中区大坪小学　张维娜

摘　要：小学生正处于身心发展的关键时期，他们具有极强的模仿能力、想象能力、创造能力。在小学体育教学中，教师根据体育学科的特点，设计具有趣味性和挑战性的教学内容，学生根据内容积极开动脑筋，并运用自己喜欢且有兴趣的学习方法投入学习中。创造性思维学习法不仅可以营造出轻松和谐的学习氛围，还可以在提高学习效率的同时，使学生的创造性思维也得到培养，真正实现小学生的全面发展。

关键词：小学体育；创造性思维

小学生正处于身心发展的关键阶段，同时是培养学习兴趣和创造性思维能力的重要阶段。小学体育应配合学生的发展来制订学习计划。在小学体育教学中，教师指导学生学习运动的基本形式、基本要领等内容。学生在体育课中能够自己学会学习、学会生存、学会创造、学会健体，充分体现学生的主体性、主动性和创造性。

体育课的创造性思维学习就是很好的学习方法，它可以激发学生的学习兴趣，充分调动学生的学习积极性，挖掘每个学生的潜力。每个学生在学习过程中不仅可以获得成功的乐趣，还可以提高学习自主能力。在创造性思维学习法的操作层次中，有以下几种方法。

学法，无尽的追问

一、好奇心学习法

小学生的特点是好奇心特别强，在学习的过程中，要想引起他们的注意力，就必须调动他们的好奇心。好奇心能帮助学生形成学科的动力，使学生在学习过程中感受到快乐。在学习体育的过程中，学生的好奇心不仅能帮助学生发现体育运动的魅力，同时也是创造性思维法的驱动力。以二年级教授各种方式爬行接力比赛为例。这个课程不同于其他体育课程内容，它不具备很强的技能性，但却具有很强的趣味性，这便可以充分调动学生对学习内容的好奇心。在体育活动中，学生能利用自己的好奇心去探究不同类型动物爬行动作的利弊，在多次思考中得出最佳的爬行动作来参加比赛，以此获得最佳的成绩。在此期间，学生在好奇心驱使下完成了自主学习，好奇心能促使他们独立思考，在思考和实践中逐渐取得成功。因此，在小学体育课中，学生的好奇心可以帮助他们更好地实践体育活动。

二、勇于挑战学习法

体育运动不同于学生平时做的游戏，它带有特定的竞技精神，需要学生有怀疑自己的能力，有敢于挑战自我的精神。敢于挑战是创造性思维学习法必不可少的能力。它能帮学生在体育运动中拼搏，使学生清楚地认识自身的能力，体会体育知识中所包含的精神。在体育锻炼中，学生可以知道自己的极限和上升空间。以六年级教授25米乘以8折返跑为例。25米乘以8的总长度为200米，按200米来讲它是属于短跑类，但实际上由于它的特殊性和针对的对象是小学生，它已经远远超出了短跑的范畴，所以具有很强的挑战性。在每一次的练习中，学生能通过时间来度量自己的能力，通过多次尝试，能得出自己的上升和下降的空间。只有当学生知道了自己的能力，才能克服内心的恐惧，学生才会有挑战自己的决心和信心，从而达到体育锻炼的目的。

三、敢于质疑学习法

质疑能力在体育锻炼和创造性思维学习法中都是必不可少的一部分。如果学生可以在体育学习中及时发现问题、解决问题，敢于向教师提出质疑，那么，学生就可以深刻地理解所学的知识，了解体育知识中蕴含的体育精神。以二年级教授跳长绳为例。学生在自己练习过程中往往会出现各种问题。教与学是互动的过程，这时教师可以让学生大胆提出疑问，大家一起研究讨论归纳问题并解决问题。同时，成功的学生可以分享他们成功的经验，其余学生结合自身具体情况加以改进。在这个敢于质疑的过程中，学生能更加深入地了解跳长绳的知识体系，从而获取更多可以帮助他们取得成功的经验。质疑能力不仅可以让学生更加深刻地理解所学的知识，同时也让他们了解这些知识中所蕴含的团结合作的体育精神。

四、体会感悟学习法

在小学体育活动中，学生在不断进行尝试练习，不断地自我反思、自我改进，这便是不断体会感悟的过程，它也是创造性思维学习法的灵魂。以四年级教授跳高为例。跳高不同于其他体育项目，它是需要一定的技巧支撑的。学生在进行多次尝试挑战后，随着高度的不断增加促使他们不断尝试练习。在此过程中，他们会积极努力地思考和探究不同跳法的利弊，在相互讨论帮助中得出最佳的跳高动作，以此获得最佳的成绩。体会感悟通过不断自我反思、自我改进的过程，让学生在体育课中能够自己学会学习、学会生存、学会创造、学会健体，充分体现学生的主体性、主动性和创造性。

五、结束语

体育课的创造性思维学习就是很好的学习方法，它可以激发学生的学习兴趣，充分调动学生的学习积极性，挖掘每个学生的潜力。每个学生在学习过程中获得成功的乐趣和学习能力的提高，促进学生德智体美劳的全面发展。

探究式学习法，让学生体验运动快乐

重庆市渝中区大坪小学　石　岩

摘　要：体育课运用探究学习法，其实质就是要创设一个以学生为中心的智力和社会交往环境，让学生通过探索、发现来解决问题，这一新教学理念的运用，为体育课堂教学注入了新的活力。新的《义务教育体育与健康课程标准（2022年版）》的实施，给我们提供了深邃的教育思想、丰富的教育内容，非常适应学生进行探究性学习。

关键词：体育；教学；运用

一、探究式学习法的意义

探究式学习，是指学生在学科领域或现实生活的情境中，通过发现问题、调查研究、动手操作、表达与交流等探究性活动，获得知识技能和态度的学习方式和学习过程。随着体育教学的逐步科学化，人们对体育现象认识的逐步深化，积极提倡探究式学习是正确的和必要的。通过探究式学习能够培养和提高学生的探究意识和发现问题、解决问题的能力，培养他们的合作精神，也能优化教学过程，提高教学质量。为此，笔者精心设计教学过程，使探究式学习与学生的知识技能学习相连，让学生亲身参与探究式学习活动，让他们真正成为学习的发现者、研究者和探索者，真正成为学习的主人。

二、进行体育探究式教学要营造氛围、培养意识

在小学体育课堂上,很多学生胆小害羞,有问题不敢问,有困难不敢说,甚至不敢大声回答问题,而有些体育教师也机械地给学生灌输体育知识和基本技能,长期这样,学生就会缺乏独立思考能力和参与意识,求异思维长期处于压抑状态,学生不能在体育知识的海洋里自由翱翔。因此,教师要引导学生进行探究学习,自觉的、有目的地培养学生探究意识。

(1)通过预习指导培养学生的探究意识。体育可以采取预习的方式,教师在学生预习时列出自学提纲,提出学生所要完成的学习目标,阅读教材,学生经过查找资料,自主地获取知识,并根据体育教师提出的目标进行积极的思考。通过对知识的理解、认识和探讨,形成对新知识的新认识。这样在不知不觉的认识过程中,使学生由体育知识被动的接受者变为主动的探索者。

(2)营造积极探索的问题情境。俄国教育家乌申斯基讲过:没有丝毫兴趣的强制性学习,将会扼杀学生探求真理的欲望。在教学活动中,如果学生没有兴趣,就根本谈不上主动获取知识、形成能力。只有当学生有了浓厚的兴趣和强烈的求知欲望,并以极大的热情投入学习活动中,才能碰撞出思想的火花,激起学生对知识学习探索的欲望。

因此,教师要善于营造情景来激发学生进行积极探索的兴趣。我时常有目的地调整、补充教材,为学生创设探究学习的问题情境,让他们带着好奇心进行学习探索。我在教学"立定跳远"这一环节时,先让学生联系实际,想象小狗、兔子、小鸟、青蛙等小动物是怎样跳的,再自己模仿试跳,这样既增强了趣味性,又让学生学到知识和本领,然后让学生观察玩具青蛙的跳跃动作和方法后,接着让学生在教师创设的假荷叶上练习,最后学生很快就理解和掌握了立定跳远的要领,并激发了学生对探究学习的兴趣。

三、以案例的方式谈谈如何组织学生的探究过程

探究行为是儿童的一种常见表现,他们从小就爱问"为什么",但往往由于大人们的忽视,不愿意去回答他们提出的问题,久而久之,儿童越来越少地探究这个世界。那么,在体育教学中,应该如何指导学生进行探究式学习呢?我们可以引导学生对一些约定俗成的事物去进行探究。例如,为什么篮圈与地面的高度是 3.05 米,高一点行吗?低一点行吗?还可以引导学生对事物的潜在功能进行探究。例如,单杠是不是只能用来增强力量,滚翻究竟应该翻得快些还是慢些,滚翻运动在实际生活中有哪些用途等。探究教学法一般运用于技术技能和比赛的学习中。只有体现一定难度和可探究性,学生才对这种学习内容感兴趣,并去探索和解决学习中的相关问题,使单调枯燥的技术变得趣味化。例如跳山羊时,在教学中要求学生解决怎样才能跳得高的问题。由于学生的素质差异很大,所以就在器材的设置上分别用低、中、高三个高度的山羊,学生自主选择,体验跳山羊的技术动作,然后让学生逐步升级,每到一个新的高度,学生对技术动作就有不同的认识和体会。随着高度的上升,技术动作显得尤为重要,学生也就更加重视技术动作的学习和运用,从而使学生克服一个又一个困难,最终获得成功。

探究式教学要培养学生主动参与的能力,放手大胆地让学生尝试探索新知识,体育教学更是如此,它的特点是教师如何启发诱导学生自觉地练,并逐渐提高其技能技巧,增强学生的体质。如何运用探究式教学的时机是关键,如教学"蹲踞式跳远",教师只能是恰到好处地讲解示范,绝不能以讲代练。要给学生以充分的训练、展示自己的机会,在一次次的练习中掌握技能技巧。这时,教师要借身边的实例,诱导学生去学习探索以典型学生的示范为例,帮助学生建立正确的、优美的动作形象,启发积极思维,运用学生有意注意和无意注意的最佳时机进行讲解示范,从而使学生主动参与、扎实训练。

四、注重总结，适当评价

体育课在有趣的学习过程中，最终是要解决学生提高身体素质、学会运动基本技能的问题。通过几堂课的教学并不能立即体现出教学成果，关键是通过课上的学习内容，让学生掌握增强自己体质的方法和基本的运动技能，以便在今后的生活中能自主的练习，培养出终身体育的意识。针对每节课的练习情况，我们得认真总结，使学生认识到探究在练习中的作用，以便使学生在今后的练习中形成学习的主动意识、探究意识、实践意识、创造意识。评价要以鼓励、表扬为主，使学生有成功的喜悦感，以便激发他们今后更加刻苦、认真练习的动力。在本节课结束时，我给出了这样的评价："在这节课的学习过程中，我们大家依靠集体的智慧和力量，把我们遇到的问题都解决了，我相信，在生活中，这种探究能力一定会帮助我们走向成功。"教师在课上的评价要以肯定为主，多表扬，这样更能激发起学生的练习热情，使课堂气氛更活跃，练习效果更好。因此，适当的评价在课堂总结中是最重要的一个环节。

在本课中，我用分组活动、尝试练习、集体交流讨论、强化练习、总结评价等方式，引导学生进行探究性学习。通过探究的过程，学生知道了怎么做，更知道了为什么要这么做。久而久之，学生们就会养成一种发现问题、提出问题，并最终解决问题的良好习惯。只要长期坚持，定会营造出浓厚的探究氛围，从而促使探究学习方式深入师生内心深处，这才是对未来社会发展变化趋势和知识经济发展最恰当的应答，这才是我们进行探究性学习的最终目的。

小学体育情境学习法，能激发学生情趣与斗志

重庆市渝中区大坪小学　冉欣鑫

摘　要：在传统体育教学中，要求教师传授体育知识技能，增强学生体质。作为新时代的一名体育教师，对体育教学要有自己独到的认识和理解，要培养学生德、智、体、美、劳全面发展，增强学生身体素质，引导学生制订良好的学习计划，运用科学合理的学习方法非常的重要。因此，创设情境学习法对于小学生体育学习非常适合，因为这种学习方法适应了小学生的身心特征。运用这种方法能够使小学体育课堂充满趣味性，充满生机，能激发学生的学习兴趣与斗志。

关键词：小学体育；情境设计；学习方法

通过查阅相关文献发现，现阶段很多小学体育教师由于自身存在的客观差异性，不能精确把握和灵活运用情境学习法，会导致小学体育教师在日常教学过程中无法保证情境学习法的有效实施。教师在创设教学的过程中，忽视需要发挥学生课堂学习的主体作用；在课堂学习活动中创设的学习情境过于形式化，没有充分结合小学生的实际生活和学习兴趣，让学生在不感兴趣的情况下展开学习，必然会降低学生的学习兴趣，从而影响体育课堂的教学质量。因此，创设情境学习方式尤为迫切。现介绍情境学习法框架下最常用的几种学习方法。

一、情境游戏学习法

在体育课堂中安排情境游戏学习，不仅能够使枯燥的课堂变得有趣，还能让学生的心情得到放松。小学生喜欢玩游戏，我们就把课堂用游戏串联起来，并让他们全身心地参与其中，从而使他们的注意力更加集中。与此同时，我们通过游戏情境学习法以情激趣、以趣健体，在体育游戏的学习中，不但能让学生明白许多道理，而且能增强团队意识。

例如，在小学低段体育课堂上创设游戏情境学习时，我经常用"编花篮"游戏。几名同学手拉手站好，其中，一名学生将自己的一只脚放在旁边同学的腿上，单脚站立，然后，学生依次将自己的一条腿放在旁边同学的腿上，所有学生将腿搭好后，最先那名学生的腿放在最后一名学生的腿上，便形成了一个"花篮"，在游戏过程中，我就会引导他们提问："怎样才能把花篮编织成功？"他们就会积极思考，同学间相互帮助，团结一心，就能成功完成游戏。如果有一名同学没有配合好，"花篮"游戏就可能失败。在愉快地玩游戏的同时，同学们在潜移默化中就学习到了团队合作精神的重要性，也给他们今后的学习带来了启迪。

二、情境设疑学习法

情境设疑在情境学习中发挥着重要作用，教师引导学生在某体育项目的情境学习训练中，有疑问随时可以提出来，通过问问题，能够得到相互学习与反馈。教师在设疑时，并不是随意提出问题，而是要根据学生的学习反馈来进行针对性的提问，学生在收到疑问信息后经过自我思考和师生思维的碰撞，能够在问题中获取一些正确的体育知识。师生设疑提问题时，应带有一定的启发性，让大家听到后能够结合项目情境深入思考，引起共鸣，坚定斗志。

例如，教师在课堂上引导学生学习双手前抛实心球的技术动作，师生共同搭起了一个有一定高度似足球门的支架，让学生分组进行前抛实心球自主体验。教师在巡视中发现了很多问题，问："孩子们，结合自己的练习情况，告诉老师在投掷实心球的时候应该注意哪些问题，以及怎样才能投得远啊？"同学们听到这个问题后，就自然而然地对自己刚才尝试过程中遇到的问题进行思考，然后教师再进行正确动作的示范、讲解，让学生对自己之前练习中出现的问题展开思考，从而对正确技术动作有一个概念，在后面练习中才能向着正确动作方向继续努力。创设情境不仅仅能够带动学生学习的积极性，还能提高课堂的有效性，更能促进学生思考能力的提高。

三、情境音乐学习法

在小学体育学习中，有时候为掌握、巩固单一技术动作时，需要进行大量的练习和实践，这样就很容易使自制力较差的学生感到枯燥乏味。为避免这种现象的发生，教师可以根据学生的性格特点与兴趣爱好，采用播放音乐，带有趣味性以及动感节奏的学习方法，让原本枯燥的课堂变得生动有趣。

例如，三年级学生在学习中长距离耐久跑时，通过教师播放带有节奏感的音乐，学生跟着音乐的节奏跑动和摆臂，不同的节奏代表不同的速度；在学习体操动作时，播放那种鼓舞士气的音乐，提升学生们的学习激情与斗志，促进学生更快地掌握动作要点；而在学生疲惫、注意力不集中的休息间隙，教师可播放优美舒缓的古典乐曲和一些耳熟能详的流行歌曲，引领学生进入音乐美妙世界中，从而使身心更快恢复，为继续进行体育技能学习蓄力鼓劲。

四、结束语

在小学体育教学中多采用情境学习法具有重要作用，不仅可以提升学生的学习能力，而且可以提升学生的团队意识。为此，学生在运用情境学习方法过程中，需要充分结合自己的学习兴趣，切实发挥想象力，创设有效的学习情境，从而激发体育课堂的情趣与坚毅的人生斗志。

参考文献：

[1] 杨茂. 情境教学法在小学体育教学中的运用分析 [J]. 考试周刊, 2016 (20)：108.

[2] 赵元. 谈情境教学法在小学体育教学中的运用 [J]. 2017 (22)：173-174.

[3] 王勇. 小学体育教学中情境教学法的运用分析 [J]. 新教师, 2015 (03)：72-73.

[4] 李小娟. 浅谈情境教学法在小学体育教学中的运用 [J]. 科教文汇, 下旬刊, 2010 (02)：166.

柯达伊学法在小学音乐唱歌教学中的运用

重庆市渝中区大坪小学　熊浩辰

摘　要：我国的音乐教育要从我国的实际出发，并借鉴外国音乐教育的基础经验，探讨音乐教育规律。柯达伊音乐教育体系是当今世界最具影响力的音乐教育体系之一，其教学法的引进让我们的音乐课堂更加规范、有效。在小学音乐唱歌教学中，我们可以结合柯达伊教学法，让课堂成为有效课堂。

关键词：小学音乐；柯达伊；唱歌教学

柯达伊音乐教育体系是当今世界最具影响力的音乐教育体系之一。柯达伊认为，音乐与其他教育一样重要，音乐对于孩子来说是一个不可缺少的部分。它对孩子产生很大的影响，既要教孩子怎样听音乐，听懂音乐，还要教他们如何区分好与坏的音乐。柯达伊在其教育体系中还重点提出："歌唱是音乐教育的主要途径。"无论孩子什么时候开始学音乐，都必须要让他们先从唱歌开始学，唱歌是学习音乐的基础。柯达伊还认为："一个更深入的音乐文化只能在歌唱的基础上发展起来，音乐之根在于歌唱。"我国小学音乐新课标也要求把唱歌教学作为表现音乐的重要内容，它是音乐教学中感受音乐、体验音乐最有效的手段。富有表情的歌唱形象鲜明、内容丰富、旋律优美的歌曲最能感染教育儿童。把柯达伊教学法运用在我们的唱歌教学中，能帮助我们有效地进行唱歌教学。因此，掌握柯达伊教学法中的唱歌教学策略便尤为重要。

一、字母谱在唱歌教学中的策略

在识谱教学中，无论是先识谱再唱歌，还是先唱歌再识谱，对于学生来说是一项知识技能，也是一个难点。通常教师们都是先教唱名，再通过反复的练习达到对唱名的熟练。柯达伊的字母谱用唱名的第一个字母表示每个音级，既简化乐谱，又使学生容易掌握，便于记忆。例如：在教唱二年级歌曲《郊游》时，为了让学生学习5（sol）这个音，在出示歌谱时，把所有的"5"改成"s"，让学生在唱谱时强化5音的记忆。通过一首歌曲，学生就把5（sol）牢牢地印在脑海里了。字母谱在小学低年级运用的范围比较广，在画旋律线时，各个音级也可以用这种方法，简单易记。把用到的音级都用字母谱标记出来，让学生更加形象地了解旋律线的音高关系。在合唱教学中，字母谱的运用更加广泛，它可以快速地让学生掌握各声部的旋律音高，特别在和声练习时运用较多。在进行和声练习时，运用柯尔文手势大大加深了学生的音高概念，并有意根据手势调节音高。教学时，可以让学生边唱已熟悉的歌曲，边指着字母谱，使曲调音高和音级唱名相结合。为了培养学生的和声聆听能力，在演唱一个声部的同时，让学生看着字母谱聆听另一个声部音高。

二、柯尔文手势在唱歌教学中的策略

音乐课堂上，要培养学生准确的歌唱，柯尔文手势有着很强的优势，这种优势特别体现在合唱教学中。《义务教育音乐课程标准（2021版）》把合唱教学放在了比较重要的位置，并且希望通过合唱教学解决学生的一些问题，特别是音准问题。柯尔文手势利用其视觉辅助手段使抽象的音高关系具有了直观形象的意义，同时也是一种身体语言的形式。手势的使用有一个相对高度的范围，学生根据这个相对高度内心更能形成音高概念。教师在训练二声部音准时，用两手的手势表示不同声部音高的结合，学生在练习时可调整音准。例如，对于歌曲《春雨蒙蒙地下》模仿雨声处（高声部是6666，低声部是4444）大三度音程，教师在利用柯尔文手势进行音准的引导时，学生可以形象地根据老师手势位置调整音准，比用钢琴校音更有效。

三、节奏读法在唱歌教学中的策略

柯达伊认为，感知节奏是人的本能。节奏是旋律的骨架，音乐中节奏具有重要的表现意义。在歌唱教学中，教师可以把节奏分离出来，配合身体律动进行练习，再把熟练的节奏配上旋律音高，循序渐进地进行学习。柯达伊的节奏读法使节奏时值"符号化"，四分音符读作 ta；八分音符读作 ti；二分音符读作 ta-a；十六分音符读作 ti ri ti ri 等。在唱歌教学中经常会以节奏练习导入。例如在学唱《嘀哩嘀哩》之前，教师把××××× | ×× × | ×××××
| ×— | 的节奏作为导入让学生练习就可以使用节奏读法，让枯燥的节奏练习变得生动有趣。节奏训练不是孤立的，它与旋律结合在一起。如拍手打出节奏型给自己的演唱伴奏，或者是一部分学生呈现节奏，一部分学生唱歌。在学唱歌曲时，如出现较难的节奏，可以利用节奏卡片做带有游戏性质的练习，也能够引起学生的兴趣，减轻学生对困难节奏的排斥心理，使唱歌教学活动水到渠成。

随着我国小学音乐教育的发展，柯达伊教学法已逐步渗透到我们的音乐课堂教学中。它不但能为学生创设一个轻松、和谐的学习环境，还运用了许多行之有效的教学法代替了枯燥的音乐教授式的教学。它所倡导的教育理念、教学方法能够在小学音乐教学中起到很好的引导和启发作用。在小学唱歌教学中，柯达伊教学法带给我们许多思考与反思，如何让我们的孩子喜欢音乐、喜欢歌唱、喜欢我们的音乐课堂？我们要引进更多的音乐教学法，让这些先进的教学法为我们所用，成为音乐教师的教授法宝。因此，我们在实践中应该结合柯达伊教学法研究出更多的教学策略。

参考文献：

［1］杨立梅. 柯达伊音乐教育思想与匈牙利音乐教育［M］. 上海：上海教育出版社，2011.

理趣学习法，给人启迪与思考

重庆市渝中区大坪小学　陈柚攸

摘　要：在音乐欣赏课教学中，"听"是非常重要的部分。枯燥的倾听音乐的过程以及单纯的乐理知识难以引起小学生的学习兴趣，调动学生的积极性，只有将学生的年龄特点、兴趣爱好与一些有趣的形式相结合起来，才会使其变得生动活泼，让学生在兴趣盎然中参与活动，学生潜力才能得到充分发挥，让学生真正从音乐欣赏当中获得启迪与思考。

关键词：理趣课堂；想象力；学习方法

一、以趣明理学习法

情境教学是构成教学活动的诸多要素之一。在教学过程中，我不忘创设浓郁的趣味情境气氛，让学生在切身体验中提高学习的兴趣。例如欣赏歌曲《小红帽》时，我会把教学内容编成简单的故事，邀请学生分别扮演"大灰狼"和"小红帽"进行表演。随着故事内容的发展，观众都被吸引住了，在"大灰狼"和"小红帽"惟妙惟肖的表演中，学生的注意力更集中，学习情绪更高涨，我的教学内容也在一片欢呼声中圆满结束。课后总结时，我深有体会：只有在学生对音乐产生浓厚兴趣的前提下，才能引发学生参加学习活动的积极性，去领略学习的成功，去享受成功的喜悦，从而勤学、乐学，收到事半功倍的学习效果。

二、声情寓乐学习法

学生的音乐素质、音乐水平参差不齐，作为教师应全面了解学生的情况，从实际出发，因势利导、因材施教。有些学生在器乐方面有一技之长，因此会懂更多的乐理知识。我针对不同的学生，选择不同的教学内容，采用不同的教法，充分肯定每一个学生的长处，尊重学生的人格，和蔼、耐心、热情地帮助、引导他们。在教学中，细心观察学生细微的心理变化，及时调整教法，热情地肯定他们的进步，不吝惜赞扬之词。当他们出现错误时，认真指出、耐心纠正，从而使学生消除畏惧心理，认识到自己的优势，进而产生兴趣，增强学好音乐的自信，激发学习音乐的热情。总而言之，激发学生学习音乐的热情，对增强音乐教学效果、提高音乐教育水平都是极为有益的。因为让学生对所学的科目感兴趣，比我们如何教好学生更有意义，也只有这样，才能真正寓教于乐、寓学于乐。

三、音画结合学习法

用多媒体教学设备或者电脑，激发学生学习的兴趣。在音乐教学中恰当选择电教媒体创造情境，能激发学生的内在情感，引导学生在情景交融之中感受音乐。上音乐课时，我充分利用电化教学手段，通过"音画结合"的形式，有机地把音乐与图画结合起来，吸引学生的注意力，让学生对知识产生新鲜感，从而积极、主动地学习。

四、游戏律动学习法

音乐课，顾名思义是"音"和"乐"的教学，它不像其他文化课那样传统地学，按部就班地练。音乐课的形式是以动为主、以情引动、以动助学的。在教学过程中，我抓住学生爱玩、爱动这一天性，运用音乐游戏、舞蹈、律动等，营造一种生动活泼的学习氛围和场面，将具有动感的音乐与学生好动的性格特点相结合，让学生在唱、跳、玩、动中去感受、理解和表现音乐。

五、视听片段学习法

音乐在播放时，学生认真地听着。不一会儿，有一些学生就坐不住了，说话的、玩耍的……

这时教师就要把"不懂"的音乐变为"懂"的音乐，把不熟悉的乐曲变为熟悉的乐曲，把无意注意转化成有意注意。先不着急让他们听音乐，而是利用各种故事导入以及短视频让学生"看"音乐，唤起他们听音乐的兴趣与注意；利用学生爱听故事的心理，结合音乐故事听音乐片段等方法让学生置身于音乐情境中，让学生觉得音乐并不陌生，而且觉得音乐在说自己的事，非常有趣。

六、想象创新学习法

音乐的魅力不仅在于音乐本身韵律的和谐完美，同时还在于它能给人们一个驰骋想象的空间。我记得一本书里曾经有这样一句话："没有想象的人生是苍白的人生，而没有想象的民族是没有希望的民族。"学生时代正是富于想象的年龄，用音乐打开学生想象的大门，培养他们的发散思维能力，这对音乐教育工作者来说既是一个崭新的课题，又是一个行之有效的捷径。

在音乐欣赏课教学过程中，我告诉同学们，由于每个人的经历不同、文化素质不同、所处生活环境不同，对音乐的理解也会不尽相同。而一首优秀的乐曲带给人们的想象也应该不是单一的，应该是多姿多彩的。然后，我要求学生欣赏音乐，要求每一个学生都要敞开心扉，用自己的心去感受，音乐播完以后，我要求同学们各抒己见，发表自己的看法。虽然他们的发言并不是很准确，但他们是用心去听去想，很富于想象力，敢于创新，敢于发表与别人不同的意见，这是难能可贵的，也正是新世纪人才必须具备的素质。因此，在我的音乐课上，每道题都有无数个答案，都是学生想象力碰撞出的火花。

总之，在音乐欣赏课中，学生运用理趣学习法，不仅很快能切入要了解与学习的音乐要素，而且还从以趣成理、以理成趣、理趣契合中，给人思想的启迪与人生的思考！

凝练古诗学习方法，理解作品深邃意境

重庆市渝中区大坪小学　王　梅

摘　要：古诗词是中华民族的瑰宝，以简练的文字描绘丰富的画面，或抒发诗人的豪情壮志，或感叹世事的炎凉……古往今来，多少文人墨客为之痴迷。无数经典的诗词早已选进了中小学课本，但很多孩子仅仅是会背诵，并没有真正理解诗句的意思，更不明白古诗所表达的是什么，归根究底，主要是因为孩子们没有掌握理解古诗的学习方法。本文结合《饮湖上初晴后雨》这首古诗，尝试归纳收集师生在写景类古诗课堂学习中的学习方法，与更多的老师、学生交流分享。

关键词：写景古诗；理解含义；学习方法

中国是诗的国度，古诗是中华民族艺术宝库中的一颗璀璨的明珠，它凝练含蓄的语言，深邃的意境，深受人们的喜爱。它以其简练、形象的语言把我们带进了一幅幅色彩明丽、动静相宜的画面，表达了真挚的情感。它是我们中华儿女心中的文化瑰宝，是我们华夏儿女的骄傲。

"鹅鹅鹅，曲项向天歌。白毛浮绿水，红掌拨清波。"一首骆宾王的《咏鹅》打开了每个华夏儿女的古诗大门。当下的学生平日里说的都是普通话，一些深奥的现代文于他们而言都很难理解，而古文就好比"天书"，虽识其字，但不懂其意。所以学生对古诗的学习往往停留在吟诵，而无法做到运用。那么学生们要怎么来学习古诗呢？本文以部编版小学语文三年级上册第17课《饮湖上初晴后雨》为例，小结写景类古诗的学法。

一、破解诗题法

题目是文章的眼睛，透过这双眼睛我们能了解到文章的不少内容，古诗也不例外。通过《饮湖上初晴后雨》这个诗题，你知道了什么呢？"初晴后雨"，我们知道了天气先是晴天，后来下雨了。"湖"是哪个湖呢？中国湖泊那么多，我们不能确定，可是联系下文"欲把西湖比西子"，我们知道了在这里指的是西湖。联系生活实际，我们知道"饮"是喝的意思，那这里是喝水、喝茶还是喝酒呢？联系生活常识，古时候的人喜欢饮酒作诗，我们暂且可以读到题目的意思是：诗人在西湖上喝酒，起初是晴天，后来下雨了。

对于诗人苏轼，我们就得查资料了。苏轼，字子瞻，又字和仲，号东坡居士。北宋眉州眉山人，祖籍河北栾城，北宋著名文学家、书法家、画家。苏轼是宋代文学最高成就的代表之一，为"唐宋八大家"之一，"宋四家"之一，豪放派主要代表，其代表作品有《东坡七集》《东坡易传》《东坡乐府》等。苏轼在杭州做过通判，他非常喜欢西湖。这一天，他和朋友乘坐游船荡漾在西湖上，一边饮酒聊天，一边欣赏西湖美景，起初是阳光明媚，后来忽然下起了雨来。苏轼诗兴大发写下了这一首千古流传的美妙诗篇。

二、反复诵读法

通读课文是学习一篇课文的第一步，古人常说读书百遍其义自见，尤其是古诗，我们更需要多读几遍才能有所悟。通过朗读，我们知道《饮湖上初晴后雨》这首诗是在写西湖的。让我们跟随古诗一起去欣赏一下西湖的美。捧起书来，大声自由朗读古诗给小学生听，读准字音，读通诗句，请小学生帮助指正。

三、品诗赏景法

（一）水光潋滟晴方好，山色空蒙雨亦奇

读熟古诗，我们可以知道这句诗描写了晴天时的水光、下雨时的山色这两处风景。而"潋滟"和"空蒙"这两个词很难理解，那我们该用什么方法来帮助学生理解词语的意思呢？

1. 多种方法理解"潋滟"的意思

方法一：联系字理。"潋滟"这个词都是三点水的字，根据偏旁表意，这个词的意思应该与水有关。

方法二：联系上下文。潋滟这个词是用来修饰"水光"的，即是指水光怎么样的。

方法三：看注释。"潋滟"：波光闪动的样子。

方法三：看插图。根据插图，我们可以看到在阳光的照射下，西湖的水面漾起波纹，一闪一闪的，这就是"潋滟"描写的美丽画面。

"水光潋滟晴方好"这句诗，我们可以这样理解：在这个阳光明媚的晴天里，苏轼和友人一起坐在船上，湖面波光粼粼，太美了。同时也可以用金光闪闪、波光闪动、碧波荡漾等词来形容这样的画面。诗人用一个"好"字赞叹晴天时的西湖：这一缕缕金光使西湖的一山一水、一草一木都美得恰到好处。

2. 多种方法理解"空蒙"的意思

正当诗人和朋友陶醉在这明媚鲜艳的湖光山色之中时，忽然天空下起了雨。诗人用"空蒙"来描绘西湖的雨中景色，我们用下面的方法来试着理解词义。

方法一：看插图。通过文中插图，我们就站在诗人所处的位置，由近及远地观察。近处的亭台楼阁，依依垂柳还依稀可见，而远处的呢？那些青山、帆船看上去非常模糊，有些山色看得见，又有些看不见，时而清晰，时而模糊，可以说朦朦胧胧，云雾迷漫，隐隐约约，若隐若现……

方法二：看注释。注释里这样解释"空蒙"：云雾迷茫的样子。"山色空蒙雨亦奇"这句诗，我们可以这样理解：天空下起蒙蒙细雨，西湖的山色朦朦胧胧（云雾迷漫，隐隐约约，若隐若现）的，如同披上了一层薄薄的轻纱，这样的景色真是太奇妙了。因此，诗人用一个"奇"字来夸赞西湖的雨中美景。

（二）欲把西湖比西子，淡妆浓抹总相宜

1. 了解西子

熟读古诗，我们可以知道这句诗把西湖比作西子，那西子是谁？

方法一：看注释。根据注释，我们知道西子即西施，春秋时代越国的美女。

方法二：查阅资料。通过查阅相关资料，我们可以知道更多有关西施的信息：西施天生丽质、秀媚出众，是美的化身和代名词。西施与王昭君、貂蝉、杨玉环并称为"中国古代四大美女"，其中，西施因所处年代最早而居首。

2. 理解"淡妆浓抹"

"淡妆浓抹"的意思我们可以联系生活经验，妈妈平时上班只是简单画画眉毛，上淡淡的唇膏，这就是"淡妆"。一旦单位要表演节目的时候，妈妈上的妆就比较浓了，眉毛、腮红、口红……颜色都比较深，这样舞台效果好。但是，无论是淡妆还是浓妆，都很漂亮。所以，西施淡妆浓抹总是那么好看，那么漂亮。

因此，我们可以找到西湖和西子的共同点——美。晴天时的西湖水光潋滟，雨中的西湖山色空蒙，正好比西施，淡妆时也好，浓妆时也罢，总是美得恰到好处。

（学法提示：联系字理、联系上下文、看注释、看插图、联系生活实际与生活常识、查阅资料）。

四、诵诗悟情法

苏轼一天之中就领略了西湖晴雨不同的美，这首诗就像一幅美丽的画卷，一个美丽的故事。我们理解完每句诗的意思之后，还需用自己的话把整首诗的意思串联起来，力争把在诗中欣赏到的美丽景色讲出来。

最后，我们还要试着去感受一下，诗人写这首诗是要干什么？是赞叹西湖的美丽景色！

在这首诗的学习过程中我们用到了好多方法：反复诵读、看插图、看注释、联系上下文、联系字理、联系生活实际与生活常识、查阅资料。这样我们就了解了整首古诗的大意，初步感受了诗人在作诗时的情感。

学生在学习的过程中应多质疑，多问几个为什么，学习就是要做到刨根问底，才会丰盈自己的大脑。书山有路勤为径，学海无涯苦作舟。在古诗的学习过程中，勤于读记，掌握理解诗句的方法，方能事半功倍，要相信"长风破浪会有时，直挂云帆济沧海"。

归整小学语文中理解词语意思的七种方法

重庆市渝中区大坪小学　李红博

摘　要：词语是构成文章的基本单位，理解了文章中的词语，才能读懂文章的意思。词汇教学在整个小学阶段都要重视。词汇教学的内容重点是准确地理解词义。因此，准确理解是正确运用的前提。解释字词的意思自始至终贯穿于语文教学之中。本文结合具体例子，顺理了小学语文学习中理解词语含义的常用方法。

关键词：小学语文；词语理解；七种方法

词语是构成文章的基本单位，理解了文章中的词语，才能读懂文章的意思。每篇课文都会出现一些学生没学过的词语，因此，词语教学在整个小学阶段都要重视。词语教学的内容重点是准确地理解词义。从小学一年级开始，解释字词的意思自始至终贯穿于语文教学之中。如何做好小学语文教学中的解字释词，无论是教育前辈还是当今的诸位同仁，早已总结了不少宝贵的经验。在此，我结合新课标中对词语理解方法的指导以及自己的教学经验，梳理小学语文词语理解最常用、最好用的几种方法。

一、联系上下文理解词语的方法

新课标明确指出："联系上下文理解词语的意思。"汉语语法的基本特点是"意合"，这就决定了要正确理解词语、文句和篇章的内涵，必须联系上下文从整体上把握文章，领悟词句在具体语境中的意思。而我们都知道，每个词都是在一定的语言环境中出现的，联系上下文来理解词语，关键是要仔细阅读文章，找出与词语有联系的内容，就能比较准确地理解词语。

例如在《鸟的天堂》一课中有"应接不暇"这个词。理解它的意思，可以联系这个词所在的句子——"我注意地看着，眼睛应接不暇，看清楚了这只，又错过了那只，看见了那只，另一只又飞起来了。"从这句话中就不难理解，"应接不暇"在文中的意思就是鸟儿很多，看也看不过来。又如在《我的伯父鲁迅先生》一课中有"追悼"这个词，课文还具体描写了人们致敬、失声痛哭、送挽联、送花圈等。把这些词句联系起来，想象鲁迅先生去世后万国殡仪馆礼堂里的场面，就能很容易地理解"追悼"的意思。

二、联系生活实际理解词语的方法

有些词语可能是我们在生活中经常接触到的。只要联系生活经验、生活实际就可以理解。有些词语是陌生的，我们可以联系文章的语境，再联系生活实际，通过思考理解词语意思。有时候理解词语也可以联系生活经验和知识积累，用熟悉的、浅显易懂的口语去解释书面语言，用普通话去解释方言等。如理解"恍然大悟"这个词，可以联系生活实际，在做一道数学题时，始终不明白，通过老师的启发，突然明白了。结合这个生活经验，就可以理解和解释"恍然大悟"就是突然明白了的意思。

三、通过近义词、反义词解释词语的方法

汉语词语内涵丰富，有些词语的意思好像是只能意会不能言传的，这时可以采用近义词或者反义词的方法来理解、解释词语的意思。比如用写近义词的方法理解词语：慷慨就是大方的意思，遨游就是漫游、游历的意思。用写反义词的方法理解、解释词语：懦弱就是不勇敢的意思，朦胧就是不清楚的意思。

四、扩词理解、解释词语的方法

根据词语的构词特点，可以将词语组成的字进行逐个扩词而对词语进行解释。这样的词一般是由两个不同意思的字组成的。只要根据语境判断组成词语的字的相关意思，再把几个字所代表的意思连在一起就可以解释词语完整的意思。例如：园中的梅花传来阵阵幽香。其中，"幽香"采用扩词法解释，幽联系语境应该是清幽而不是幽静的意思，香就是香味，所以幽香的意思就是清幽的香味。再如：老师的教导让我终生难忘。其中，"教导"的意思联系语境，采用扩词法就是教育、指导的意思。

采用扩词法理解、解释词语的意思，不能只是机械的扩词，还要联系语境才能理解准确。

五、分合法理解词语的方法

一个词语往往是由几个字或几个词构成的，只要先分开理解字义、词义，再结合起来就好理解了。例如："肃立"中，肃是严肃的意思，立就是站立的意思，肃立就是严肃地站着的意思。再如："肆虐"中，肆就是任意地，虐就是残暴，肆虐就是任意地干残暴的事情。

六、抓核心字理解词语的方法

有些词从表面上看起来深奥难懂，但仔细观察就会发现，有些词往往有一两个核心字，只要理解这一两个字的意思，整个词语就不难理解了。这种方法在理解词语过程中经常会使用到。只要你有抓核心字理解词语的方法意识，就会灵活运用准确理解词语了。例如："热泪盈眶"中，"盈"是充满的意思，是这个词语的核心词。理解了"盈"，就知道了"热泪盈眶"就是眼中充满了泪水的意思。

七、结合背景来理解词语的方法

有些词语是在一定的事件背景或者时代背景下产生的，理解时需要结合背景。最有代表性的就是在《我的伯父鲁迅先生》一文中有"碰壁"一词，理解这个词的意思就需要联系当时的时代背景。在旧社会，进步人士、革命人士常常遭到国民党反动派的迫害，所以这里的"碰壁"，不是指天黑了，伸手不见五指，人走在黑暗中因看不清，容易碰到墙壁或其他障碍物，而是指受到国民党反动派的迫害，从而揭露了旧社会的黑暗、罪恶。

理解词语的意思并解释是小学阶段语文学习的一个重点，能够进一步培养学生的理解能力和语文思维。以上七种方法是结合小学语文学习内容及特点，通过实践总结出来的实用的理解词语方法。通过方法运用的训练，形成理解词语的方法意识，进而提升语文学习能力。

浅析语文阅读中句子赏析的学习方法

重庆市渝中区大坪小学　刘琼蔚

摘　要：小学语文阅读中句子赏析的方法有很多，关键在于学生如何能够实际运用，需要以具体的例句作为依托，进行思路的引导与语言的安排，让学生有直观的感受，提升学生的综合素养。

关键词：句子赏析；学法研究；方法引导

小学语文阅读教学，能够提升小学生的认知能力，加强小学生的语言表达能力，提升小学生的人际交往能力，促进小学生的全面进步发展。阅读教学是小学语文的重要组成部分，学生在阅读的过程中能够加强对汉字的认识，提升对词语含义的理解，积累优美的句子，提升学生对文章结构层次的掌握，强化学生对文章情感内涵的体悟，其中句子的解析既是难点也是重点。

一、句子赏析的学习现状

在小学中段的语文阅读学习当中，句子的赏析占了很大的比重，句子的赏析也是为后面对文章的整体把握做铺垫。同时，句子赏析在小学语文高段考试练习当中出现的概率很大，是一种比较容易丢分的题型。学生在小学中段开始接触句子赏析，到高段开始逐步的深入，学习过程中一般会出现以下这些问题：

（1）完全无法理解句子的用意。

（2）分不清句子的类型。

（3）把握不全句子的要点。

当学生遇到这些问题时，若教师在教学过程中潜移默化地教给学生学习方法，那便是给予了学生学习上事半功倍的帮助。本文将以小学语文中段的课文中出现的句子来探究学法。

二、句子赏析在阅读练习中出现的类型

句子赏析在阅读练习中一般有以下两大类型。

第一种关键词型，这种类型主要是为了体会关键词在句中的作用，通常会出现以下几种形式：

（1）加点词能不能去掉或换掉？为什么？

（2）加点词好在哪里？

（3）从加点词中你体会到了什么？

第二种体会情感型，这种类型的句子一般包含了作者深刻的情感或者文章深刻的含义，通常会出现以下几种形式：

（1）给出一段具体的场景，问你从中体会到了什么？

（2）给出一段细节描写，问你从中体会到了什么？

（3）给出一段具体事物的描写，问你从中体会到了什么？

三、方法引导

说到句子的体会赏析，句子都是出现在文章里的，所以无论哪种类型的题，都不能脱离文章，带着句子回到文章中是最根本的方法。回读文章是非常有必要的，有时带着感情读句子也是很重要的。以下面几类句子进行方法引导。

第一类，关键词型，"关键词的好在哪"，以下图的第一个句子为例。

> 读下面的句子，注意反复出现的部分，想想它们的表达效果。文中还有一些这样的语句，画出来和同学交流。
> ◇ 背直起来了，我的母亲。转过身来了，我的母亲。褐色的口罩上方，一对眼神疲惫的眼睛吃惊地望着我，我的母亲的眼睛……
> ◇ 母亲说完，立刻又坐了下去，立刻又弯曲了背，立刻又将头俯在缝纫机板上了，立刻又陷入手脚并用的机械忙碌状态……

第一句三个"我的母亲"反复出现，这种有明显句式的第一步就是建议富有感情的反复读，就会有初步的感受，这是对母亲的一组细节描写。第二步回到文中去，我们就会发现这是作者第一次去母亲工作的场所，第一次见到母亲工作的环境，第一次看到工作中的母亲。有了这些思路以后，我们再回到题干中去，说说这样写的表达效果。就会慢慢地体会出文中连续三次出现我的母亲：第一层体会是一组动作的细节，母亲的动作缓慢，让作者感到一丝酸楚；第二层体会能够让我们感受到作者对于母亲工作环境和工作样子的震惊。同时，这句话不单单是对作者感受进行了展现，我们应该再深入，如：作者为什么会写这样的母亲？这时你就会明白，这样的母亲是为了让子女能够好好地生活学习，而让自己在如此闷热的环境中疲惫地工作着。母亲任劳任怨操持着我们温暖的家，劳累使她的背不再挺拔，身体不再灵活，容颜不再美丽，但在我们的心中，母亲是那么的高大，那么的伟岸，那么的慈祥。这反复出现的"我的母亲"也包含了作者对母亲的无限崇敬和爱戴。

第二类，体会情感。给出一段具体的场景，问你从中体会到什么？以下图的第二个句子为例。

> 读下面的句子，体会其中蕴含的感情。
>
> 桂花盛开的时候，不说香飘十里，至少前后十几家邻居，没有不浸在桂花香里的。
> 这下，我可乐了，帮大人抱着桂花树，使劲地摇。摇哇摇，桂花纷纷落下来，我们满头满身都是桂花。我喊着："啊！真像下雨，好香的雨呀！"

第一步读句子，有感情地朗读对于句子的理解是非常有帮助的，我们在读的时候从"我可乐了""我喊着'啊！真像下雨，好香的雨呀！'"这些地方感受到作者当时是十分快乐的，句子不能离开文章。第二步回到文中，我们就能感受到这段文字描写的是作者童年时代摇花乐的场景。接着开始整理自己的思路，"抱""摇""喊"表现了"我"摇花时的欢乐和兴奋的心情。"真像下雨，好香的雨啊！"用比喻的修辞手法，形象地描绘出桂花飘落时花朵落下来非常密集，也非常轻柔，最后总结：体现了"我"陶醉在桂花雨

学法，无尽的追问

时高兴、兴奋、快乐的情感体验。

给出一段具体事物的描写，说说感受体会？这一类的练习，以下面两句话为例：

> 读下面的句子，回答括号里的问题。
> 这是我第一次真正心酸的哭，与在家里撒娇的哭、发脾气的哭、打架的哭都大不一样，是人生道路中品尝到的新滋味了。（"新滋味"指的是什么？）
> 我什么时候能够用自己手中的笔，把那只载着父爱的小船画出来就好了！（你觉得作者能画出这只小船吗？为什么？）

第一个句子，第一步读句子，第二步回到文中，从前文我们可以看到，作者的家庭条件并不好，所以"新滋味"是感受到家庭困难心酸的滋味，指"我"感受到了父亲为供"我"上学凑钱的艰难，感受到了父亲对"我"的关爱，感受到了"我"肩上责任的沉重，最后是自己独自在外求学，孤独的滋味。

第二个句子，第一步读句子，第二步联系上下文回到文中，我们可以看到"这艘小舟"从始至终都是父亲划着小舟送我上学、考试、报名……作者认为自己的词句不够形容深沉的父爱，其中句子中"载"一词把父爱具体化，更生动形象地描绘出父爱的深沉。因为这艘小船已经承载了父亲所有的爱，这个句子充分地表达了作者对父亲无限的感激之情。所以作者不能画出这只小船了！因为它代表了全部的父爱。

四、小结

阅读是语文学习的一个重要环节，对于学生来讲，方法很重要，但是方法如何去运用更重要，本次的研究不在于方法研究，重在引导学生如何去思考、安排自己的思路。

以上仅是一个教学与学法的思考，要形成这样的阅读思维，必须得经过长期的训练才可习得。万丈高楼平地起，我想只要每天垒一块砖，迟早有一天能为孩子们垒砌一座高楼。

浅析小学数学情景式学习法

重庆市渝中区大坪小学　刘韵雯

摘　要：小学生正处于以形象具体思维为主，逐步向抽象逻辑思维过渡的阶段。如何让他们更好地理解高度抽象的数学问题，是我们小学数学教学探索的方向。情景式学习法可以运用到数学学习的各个板块，让学生以生活化的视角学习数学知识，激发学生的学习兴趣，达到掌握知识、训练思维和提高实践探究能力的目的。

关键词：小学数学；情景式学习法

数学是什么？很多人说数学是一门抽象的学科，数学的学习往往要靠想象和推理，需要学生有较强的迁移抽象能力，而生活情境则是一切学习的基础。情景式学习法就是把生活情境作为依托，这样的学习不仅能让学生觉得有趣，更能深刻地揭示数学知识的内涵。

20世纪初，美国教育家杜威就首先提出了"教育即生活""学校即社会"的观点，他认为教育是一种社会过程，学校便是社会生活的一种形式。教育应该充实人的生活，使儿童能够适应生活，更新生活。作为生活的教育，是不能脱离社会生活背景的，教育需要把复杂的社会生活背景作为儿童生长的背景，但又不能对复杂的社会生活背景无所作为。我国著名教育家陶行知先生也倡导生活教育思想，提出"生活即教育""教学做合一"的生活教育理论，强调寓教育于儿童的生活之中，使生活无时不含教育的意义，以行求知，让儿童走进情景中去观察、看事实，让儿童在活动中通过操作进行学习，充分发挥其创造力。

  同时，《义务教育小学数学课程标准（2022版）》也强调，要尽可能地结合学生已有的知识和生活经验，紧密联系学生的生活环境，创设有利于学生自主学习、合作交流的学习情景，使学生通过阅读观察、思考、合作等手段建构基本数学概念，生成学科技能。这就要求我们在设计课堂活动方案时，要着力于将生活情景或事物引进教学中，努力将抽象的数学知识形象地呈现在学生面前，学生看得见摸得着，在形象与表象的思维中逐步掌握数学知识，形成数学能力。数学情景，不仅是学生掌握知识、形成能力、发展心理品质的桥梁，还可以引发学生更多的联想，提升学生思维的积极性，从而自主快乐地学习新知识。

一、数与代数中的情景式学习法

  学数学，最先接触的就是数，从一年级开始，老师就带着学生们从认识数字 1 开始学习数数，接着数到数字 10，紧接着到数字 100，迈出数学学习的第一步。要打好数学的基础，就不能简单地背诵，而是尽可能地回归到生活情景中，让学生在不同场景中认数，体会数的意义。为了让学生真正理解，我们不仅在教学设计时引入不同的数学情景，更是充分利用家庭资源，让学生不断地去"猜"生活中各种物品的数量。于是，我们在班上举行了"猜数"比赛，看谁估得准。经过一段时间的训练，同学们"猜"得越来越接近，数字终于不再仅仅是数字，通过情景学习法，它成为同学们生活中最熟悉的朋友。

  到四年级，我们开始接触更大的数，也要认识更大的数量单位。十万、百万、千万、亿……这样的大数无法直接数，要让学生真正地感知和理解。我们是让学生这样学习的：

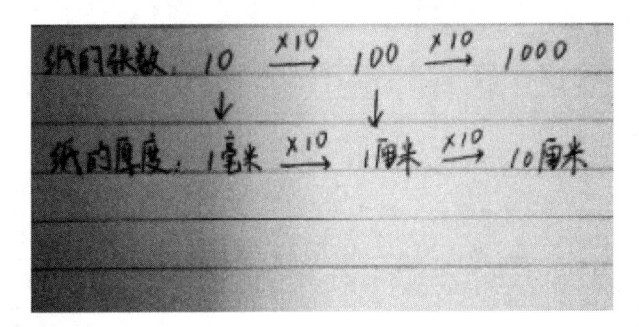

研究课题

1亿张纸摞起来有多高?

研究工具

直尺、笔、记录本、计算器

研究过程

1. 确定研究方案

先测量一部分纸的厚度,再推算出整体的厚度是多少,也就是由局部推算出整体。

2. 确定测量范围

(1) 选择 10 张纸进行测量。

(2) 选择 100 张纸进行测量。

(3) 选择 1000 张纸进行测量。

3. 收集测量数据

张数	10	100	1000
厚度（取整数）	1毫米	1厘米	10厘米

4. 分析数据，探究 10~1000 张纸的变化规律

测量 10 张纸时，厚度大约是 1 毫米；测量 100 张、1000 张纸时，厚度分别是 1 厘米、10 厘米。说明纸的张数每增加到原来的 10 倍，厚度也增加到原来的 10 倍。

5. 按照规律推算出 1 万张纸、10 万张纸、100 万张纸、1000 万张纸的厚度

张数	利用张数与厚度的关系计算	厚度
1万	10厘米×10	1米
10万	1米×10	10米
100万	10米×10	100米
1000万	100米×10	1000米
1亿	1000米×10	10000米

用生活中最常见的一张纸作为起点，在实践中逐步推算出 1 亿张纸的厚度。通过这样的情景式学习体验，学生理解起抽象的数字 1 亿也不再迷茫，有了扎实的落脚点。

二、图形与几何中的情景式学习法

对图形的认识也是数学学习的一大内容，是发展学生几何思维的重要板块。而对图形的认知和辨别，紧密联系生活也是关键，情景式学习法就是学生学习过程中的重要支撑。例如四年级"认识面积"一课，我们就借助了"数学大会"这个情景，让学生体验，在游戏冲突中通过摸一摸、比一比理解了"面积"的概念。

师：孩子们，你们喜欢运动会吗？今天我们来举行一个数学大

会。赢了的同学老师发奖励，行吗？

师：请同学们把这些爱心涂上颜色。（每人一张面积不同的爱心纸片）

师：现在老师宣布最快的同学赢了。

生：不公平，不公平。

师：看来这个面是罪魁祸首。既然提到了"面"，其实生活中的每个物体都有它们自己的"面"。

1. 初步认识面积

（1）摸一摸，认识面。

摸摸自己的手掌面。

摸摸数学书的封面。

（2）发现生活中的面。

师：请大家观察教室的周围，你还能发现哪些面呢？

生：桌面、讲台面、黑板面（摸一摸），黑板面可真"大"呀！

看来有这么多的面，有的大、有的小。那物体表面的大小就是它的"面积"。

2. 比较面积

师：认识了面积，数学大会的第二项比赛又开始了。老师这儿有两张纸，你们能判断出谁的面积大，谁的面积小吗？

我们给这个方法取个名字，叫重叠法。

师：现在老师又拿来了两张纸。请你们比较哪张纸的面积更大？能一眼看出他们的面积吗？现在我把它们叠起来，看看可以吗？

师：现在同学们以四人小组为单位，选择一种自己喜欢的图形，开始操作吧！

……

三、统计与概率中的情景式学习法

从物品的分类与整理，到表格的设计使用，再到条形统计图、折线统计图的系统归纳,统计与概率板块的学习更加重视学生对数据的灵活观察与分析,而这种高阶的数学建模思维,在生活中的应用却是更加多元和直接。所以在学习中,学生自然而然地联想到各种生活情景,而依托这些情景,学生就能更深刻地体会到统计的价值和意义。

例如学习三年级"复式统计表"一课,通过举手表决,我们统计出"全班男女生最喜欢的课外活动"人数,依次填入表中,学生们一下就能看出:男生更喜欢"打游戏",而女生则更喜欢"画画"。男生更喜欢"踢球",而女生更喜欢"看书"。可以说,熟悉的情景给予了我们统计内容,而通过统计分析我们也能反过来验证生活中的各种现象。

情景式学习法,既让同学们增加了知识,更让我们的数学学习变得有趣生动起来。

活动:调查本班同学最喜欢的活动情况,填写统计表。(每人限选一种。)

男生最喜欢的活动

活动	看书	踢球	看电视	画画	跳绳	玩电子游戏
人数						

女生最喜欢的活动

活动	看书	踢球	看电视	画画	跳绳	玩电子游戏
人数						

学生课堂自主合作学法探究

重庆市渝中区大坪小学　雷　正

摘　要：小学数学学生合作探究学习是体现了一种以学法为主的新型教学理念，这是一种教师通过创设情境，学生开展有组织的自主合作探究交流的学习形式。同时为提高学生不断深入理解合作、不断探索的能力以及解决在实际教学中的重难点问题，应注重学生学习方法，促进学生在教师引导下主动地、富有个性地学习，从而为学生提供更多展现自我的机会，为教学添加新的活力。

关键词：合作探究；学生学法；课堂教学

学生自主合作探究的学习方法，是指学生在小组或团队中为了完成共同的学习任务，以小组为学习群体，开展有组织、有指导的互教、互学、互帮活动。教学中从教学实际出发，适时适当地运用新的教学方法和教学理念，培养学生的能力，让学生在学法上适应新课改要求。在学生进行探究活动的时候，教师要配以相应的探究指导，教学方法也有很大的发挥空间，通过师生的相互启发，既培养了学生参与意识、合作意识，又发挥了学生的主体意识，学会自己探讨答案的实践方法。在数学课堂中，利用小组合作学习模式，让学生充分进行自主探究学习，真正做到乐学、爱学、会学。因此，在数学教学中怎样有效组织小组合作学习是一个值得大家思考的课题。

《义务教育小学数学课程标准（2022版）》也强调指出：动手实践、自主探索和合作交流是学生学习数学的重要方式，学生学习活动应当是一个生动活泼的、主动的和富有个性的过程。而实施小组合作学习就是在教学过程中，让学生之间、师生之间通过自主研究、民主探索、平等合作来发现问题、解决问题，相互启发、共同提高实践创新能力，提高学习质量和个体素质，形成一种生动活泼、潜力无尽、人人参与、主动积极学习的活动形式。

一、创设情境，激发动机

兴趣是最好的老师，课堂教学可从学生容易接受的生活原型出发，同时一定要根据本节课的内容设计对应的情境。设计的情境要紧扣本节课内容，教师由情境引出学习课题，学生由内在兴奋转化为外在兴奋，将参与欲望外化为参与教学活动的行为。

例如：人教版小学四年级数学上册第五单元"平行与垂直"这一课。

师：同学们，老师把这两根小棒扔在桌子上，同学们想一想小棒的位置会出现哪些情况？

生：三种情况：两根都在桌子上；一根在桌子上，一根在地上；两根都在地上。

师：同学们，你们发现了吗？三种情况有什么不同的地方？

生：一根在地上，一根在桌子上这种情况与其他两种情况不同，因为其他两种情况的两根都在一个平面内。

师：学生们，拿出准备的纸，如果把这张纸看成平面的一部分，慢慢变大，变大，无限地扩大。平面是无限扩大，你们想象到了吗？

生：想到了。

师：假设在这个平面上出现了一条直线，直线有什么特点？

生：两端无限延伸。

师：直线向两端无限延长，这时，在这个平面上出现了另一条直线，直线又向两端无限延长，这两条直线会出现什么关系？今天我们一起来研究新的内容。

在此环节中，我巧妙地设计有趣的扔小棒的情境，让学生探索现实，让他们自主思考，在思考问题、解决问题的动态过程中学习，使生活经验数学化、数学知识生活化。再对比两种情况，从而让同学们感受平面的大小。最后引导学生发现问题的现象与规律，运用已有的知识经验，解决生活中的数学问题。总之，创设情境，可以将数学知识融入孩子们的生活，学生乐于接受。一般情况下，可以建立这样的"环节模式"培养学生能力：观察主题图—搜集数学信息—提出数学问题。

（一）个体探索、尝试解决

教师要以充分发挥学生的主体地位为出发点，精心安排个体独立探究的内容，提供充分的参与时间和空间，使全体学生以高涨的情绪参与到高效的独立自主学习中，自我尝试、自我探究、自我体会，深化已有知识、掌握新知识、建立新理念、发展思维能力。

（二）画图感知，建立表象

例如：教师提出要求，请同学们在白纸上画出你能想到的两条直线之间有可能形成的关系，看看能画出几种情况。

注意：一张纸上画两条直线，画完后同桌互相交流欣赏。

教师巡视、参与讨论，了解情况并随机选取典型画面，并编上序号。

（三）反馈展示，探索特征

师：如果现在请你们根据两条直线的位置关系把它们分类，可以怎么分？想好了后，在你的练习本上用编号分一分，分好后小组交流交流。

在这个环节中，学生先动手操作画图感知，建立起表象，再自主反馈展示，探索特征，作为学习的主体，让学生通过独立操作与处理、表达与交流等活动，初步经历探究过程，获得知识与能力，掌握解决问题的方法，获得情感体验，达到促使学生主体性、能动性、独立性的充分发挥。

二、小组互助，学习探究

（一）分组科学性

小组的人数一般以 4~6 人为宜，成员的组成既要考虑到学习成绩好、中、差的搭配，又要考虑他们原有的性格、情感特征等非智力型的合作基础。其分组方式采用异质分组，在学习成就与学习者能力方面，我们曾对不同能力的学习者，进行高、中、低不同能力组合的研究。

同时，我们还在积极地对分组的形式加以尝试与优化，而不局限于固定不变的分组模式，比如有时为了营造竞争的氛围，尝试按男女生进行分组，有时为了合作的密切按兴趣进行分组，也有时为了合作的便捷按座位实施分组合作形成大组等多种做法。

（二）选择时机

我们要学会根据学生的实际情况、教学目标、学习的内容、自己的教学风格等有效地体现出小组合作学习的巨大优势。要恰当地选择合作学习，结合教学的要求适当地应用小组合作学习，使学生感受到合作的价值，并在有效、有序的组织中完成合作学习。因此，这就要求借助集体的力量，充分挖掘集体的潜能。例如，教师在讲解"角度度量"这节内容时，为了让学生能够尽快地掌握量角器的应用方法，可以利用小组合作学习的方式让学生探究发现该如何应用量角器，使学生能够自主的探究。实践证明，这种方式使学生都能够积极地参与到其中，在测量的过程中相互讨论，并记录自己发现的知识，最后向全班进行汇报。如果有的问题存在争议，小组之间也会进行相互探讨，尝试解决问题。

例如，在教学三位数乘两位数（因数中间、末尾没有 0 的）这一内容时,我先准备了一道题作为铺垫。李叔叔从家乘汽车去深圳用了 12 小时,汽车每小时行驶 85 千米,李叔叔家到深圳有多少千米?作为复习列出算式并说出过程后,再引出李叔叔从某城市乘火车去北京用了 12 小时,火车每小时行驶 145 千米。该城市到北京有多少千米?这道题,先让同学们对比后列出算式,我立即向学生提出了探究学习任务。

三、学法探究,促进学习

以学生的学习为主体,体现"先做后学"进而"自主学习"的学习思想,采取个人自主探究与小组学习有机结合,以学生的实践操作为中心,引导学生学会学数学、想数学、用数学。到底学生是如何进行的呢?就拿教学三位数乘两位数(因数中间、末尾没有 0 的)这一内容来说,本节课重点是教授学生探索并掌握三位数乘两位数笔算乘法的算理和方法,能正确进行计算。但是在小组探究交流这一过程中却出乎我的意料,学生们不仅探究出了一种方法,还有很多我想不到的方法,比如:

学生方法一:

$145 \times 10 = 1450$

$145 \times 2 = 290$

$1450 + 290 = 1740$

学生方法二:

145×12

$= 145 \times 3 \times 4$

$= 435 \times 4$

$= 1740$

学生方法三:

竖式笔算

……

然后我就紧接着抓住这个时机,让学生们说一说笔算的步骤和

学法，无尽的追问

方法，再对比哪种方法更方便。笔算过程中，组织学生议一议：①计算中"5"为什么同十位对齐？②计算中十位为什么是"9"呢？通过学生的合作探究明确本节课的重点。

有时候学生会提出很多让你想不到的问题，就比如小学数学四年级上册第六单元除数是两位数的笔算除法（商是两位数）的例6、例7。其实学生对除数是两位数的除法已经很熟练了，在学习例7中"0"的书写位置时，有学生就这样问道："老师为什么0不直接落下来而是写在左边呢？"

```
      3 0
  _____
31) 9 3 0
    9 3
    ─────
        0
```

这个学生的一问，迅速让我反思到本节课的重难点是掌握笔算方法以及商的书写位置，"0"的占位，教材上主要是对30的"0"进行探究（被除数不够商1，就在那一位商0），其实这个0学生们是没有多少问题的，相反下面的这个0学生们却是经常写错，或者是漏掉。我觉得学生能提出自己的问题，而且这个问题具有普遍性，我为有这样的学生感到骄傲，然后我对这个学生的提问进行表扬后，立马引导班上其他学生进行探究，讨论出自己的想法。"写在左边是为了方便""下面的0应该写在右边""我认为0应该写在左边""我认为上面的0跑上去了应该写在左边"。

```
      3 0
  _____
31) 9 3 0
    9 3
    ─────
        0
        0
    ─────
        0
```

如果把下面的计算继续算出来就是上面这样的情况，但是为了规范格式，我们在写的时候就把下面的0全部都省略了。步骤只保留到之前的地方也就是0写在3的下面，在左边而不是右边。这件事过后我深刻地意识到探索学生们学法的重要性，这才是解决学生困惑的根本，要运用自主合作探究在小学数学教学中。在教学观上，教师不仅重视创设情境唤醒和激活学生的学习动机和需要，使之产生强烈的探究欲望，并积极进入状态，全身心地参与教学活动，更重视对学生发现问题、提出问题、解决问题的能力及创造性思维、合作学习能力的培养。在师生观上，学生是学习活动的主人，是课堂活动的观察者、交流者；教师是教学活动的组织者、引导者。教学过程中教师要把更多的学习空间、学习主导权、学习时间交给学生，把学习的欢乐还给学生，从而让学生成为教学活动的主人。

参考文献：

[1] 张朴. 提高小学数学小组合作学习有效性的技巧 [J]. 阜阳职业技术学院学报，2014，25（4）：95-96.

[2] 黄爱华. 基于小学数学小组合作学习的研究 [J]. 小学科学（教师版），2014（07）：52.

[3] 尚宇林. "自主合作探究."关键还是教师的主导 [J]. 数学教学研究，2007，26（12）：15-18.

[4] 裴显钱. 新课程下自主、合作、探究模式的历史教学实践 [J]. 考试（教研版），2008（01）：84-85.

基于问题的学习法在美术课堂中的运用

重庆市渝中区大坪小学　韦　钰

摘　要：基于问题的学习方法能够激发学生独立学习的能力，并锻炼学生联系实际生活的能力，从而使学生在积极的情感体验中，提高想象力和创作力，提升审美意识和审美能力。

关键词：联系生活；提出问题；学习方法

传统的教学法往往是以"教师教，学生学"为主。这种方法往往束缚了学生独立思考以及创新能力。相反，基于问题的学习法是以"学生学"为中心。既是倡导学生自己研究、发现的过程，又是拓展知识面为更深入学习打下扎实根基的过程。

"中国龙"是湘美版小学美术四年级下册第10课的内容，是以"欣赏·评述"为主，融"设计·应用""造型·表现"于一体的美术课。以我执教本年级学生学习"中国龙"为课例做一个分析，从问题学习法中关联出几种常用的学习方法。

一、问题联想法

"古老的东方有一条龙，他的名字就叫中国；古老的东方有一群人，他们全都是龙的传人，黑眼睛黑头发黄皮肤……"阵阵熟悉的音乐传来，学生在耳熟能详的歌曲中获得情感的激发，由此引出"龙的传人的由来"这一问题。学生通过看视频和聆听龙的传说故事，了解龙和中华民族起源的关系。

紧接着学生在听了龙的传说故事后，联想"你心中的龙是什么

基于问题的学习法在美术课堂中的运用

样子呢"的问题,通过"画一画"的小活动,学生大胆运用线条、颜色描画自己心中龙的样子。

"红红火火代表中国气质。"

"我觉得龙很神秘,所以我用了彩色。"

学生通过对两个问题的联想,感受到龙是神秘的,是富有情感的。学习兴趣被激发出来,所以学生描绘表达龙的形象栩栩如生,龙的动态也非常优美,表达得丰富多彩(见图1)。

图1 学生想象的龙

二、问题探寻法

学生通过欣赏在中国建筑年代最早、现存规模最大的一座龙壁——明代山西大同九龙壁(见图2),感受龙文化在中华民族几千年的传统文化中的重要地位。由问题激发学生探寻"这条龙最吸引你的地方在哪",学生们争先恐后地回答:

图2 山西大同九龙壁

"后面这个白色的像须一样的东西,让我感觉仙气飘飘。"

"龙爪,很锋利,很有力量。"

"姿态摆动,像飞起来一样!"

紧接着追问:"在古代龙是代表什么呢?"

"宫廷影视剧里,在老百姓衣服上看见过龙吗?"

学生通过这一系列问题探寻龙的造型,自主观察,敢于发现表达,从欣赏龙壁的线条、色彩、图案,结合生活经验,体会到古代龙是威严的象征,也提高了审美和语言表达能力。

三、问题追问法

随着时间的演变,龙的寓意也在发生变化。学生欣赏《铜梁龙舞》视频里的舞龙场景,通过"你从《铜梁龙舞》里能感受到什么精神"这一问题,联系生活体会现代龙的吉祥寓意。

"红色,很吉祥。"

"他们相互配合舞龙,体现了团结的精神。"

"像是在举行盛大的节日活动,很热闹。"

紧接着追问:"在现实生活里,你在哪里看到过龙的形象?"

"赵州桥——双龙戏珠的图案。"

"跆拳道服装——永不言败的精神。"

"龙珠——蜿蜒盘旋的姿态。"

通过讨论、交流,回忆在建筑、生活物品、服装等都有着龙的形象,龙的吉祥寓意深受人们的喜爱,学生也感受到了源远流长的龙文化在现实生活中的积淀与运用。

在学生感受龙的文化、领略龙的精神后,在第四个环节——龙的组成,通过问题"由龙的身体你能联想到什么动物",激发学生通过联系生活经验比对课件中龙身体各个部位与真实动物的联系,从而提炼出线条。直观感知到:龙是蛇身、鱼鳞、鹰爪、鹿角、马面、狗鼻、牛嘴、虾须、狮尾的集合体,是神圣之兽(见图3)。

图3 龙的组成

四、问题比较法

大龙邮票是本节课活动的立足点。本环节以大龙邮票的历史意义为开端，学生通过问题"邮票上的龙与九龙壁上的龙有什么不一样的地方"进行讨论。

"线条没那么锋利了。"

"色彩更丰富，有很多一块一块的彩色。"

"莲花尾巴——寓意龙高雅、圣洁的形象。"

将邮票上的龙与九龙壁上的龙进行对比观察，发现两条龙在动态、角度上的相同，以及色彩、线条表现方式的不同（见图4）。学生欣赏、讨论交流，从而获得艺术表现的创意方法和创作思路。

图4 大龙邮票与九龙壁的对比

学生情绪饱满、兴致高昂，以邮票为载体来大胆地创作，设计出一枚自己心中独一无二的龙邮票。

美术作业是检验学生学习效果和教师教学质量的一面镜子，学生用线条、形状、色彩创作一条条富有个性的龙形象，在视觉形象上师生共同获得审美愉悦。

在"中国龙"的课堂里，基于问题的学习方法在每一个环节渗透、落实，激发出学生的学习动力和调动学生的学习积极性，还培养了学生的合作交流能力。学生采用运用问题学习的方法贯穿始终，从了解龙的文化，探寻龙的造型，最后借助邮票这一载体呈现龙的形象（见图5）。在品鉴龙的文化历史中，以多种问题切入的学习方法不断渗透美术学科核心素养，潜移默化中培养学生感受美、欣赏美、发现美的能力，使龙的精神得以传承和发扬！

图5 学生设计的龙邮票

参考文献：

[1] 李勇，王建利. 浅析基于问题的学习法 [J]. 新校园（理论版），2013（01）：71.

框图学习法在小学 Scratch 编程中的实例运用

重庆市渝中区大坪小学 吴 刚

摘 要：程序流程图又称程序框图，是用统一规定的标准符号描述程序运行具体步骤的图形表示。程序框图的设计是在处理流程图的基础上，通过对输入输出数据和处理过程的详细分析，将计算机的主要运行步骤和内容标识出来。程序框图是进行程序设计的最基本依据，因此它的框图描述直接关系到程序设计的质量。

关键词：流程图；框图；步骤和内容

《中小学信息技术课程指导纲要》中指出：中小学生要"了解程序设计的基本思想，培养逻辑思维能力"。程序教学是信息技术学科教学的内容之一，它能够帮助学生获得解决问题的一条快速、明确、适合的途径，也可以培养学生逻辑思维能力、数字文化创作能力以及解决问题的能力。STEAM 课程、创客课程等培养学生创新能力的课程应时而生，程序设计也渐渐走进了小学信息技术课堂。

作为一名信息技术教师，几年下来，笔者总是发现，学生学习编程时很呆板，碰到稍复杂冗长的程序，就没办法进行查错、改错或优化等操作。究其原因就是没有真正理解程序的结构。为此，我尝试在小学信息技术课堂 Scratch 编程中以学生构建程序框图为主要学习方法来进行探索与研究。下面笔者以重庆大学出版社出版的小学信息技术五年级上册第八版第 12 课"奇妙的旋转多边形"一课为例加以阐述（本课学习的主要内容是学生利用 Scratch 编程画出旋转的正多边形图形）。

一、联想认知法

学习是一个联想的过程，人类学习普遍规律的制约——既是联想的，也是认知的；联想是认知的条件，认知是联想的结果。心理学研究表明，当输入的感性信息与认知结构中有中等程度不符合时，人的兴趣是最大的。学习编程虽然抽象，但编程解决的问题源自生活实际，并与生活实际息息相关。在教学中提供有趣、丰富的情景，引导学生进行认知产生联想，使学生感觉到编程就在自己身边，对编程产生浓厚的学习兴趣。笔者在教学伊始激趣导课。

师：听说同学们的校园文化元素是四叶草，谁来给大家简单地画一画，并说一说它的含义呢？

（学生画出四叶草简单图形后发言）

生：第一片，代表兴趣；第二片，代表自信；第三片，代表真爱；第四片，代表希望。

……

学生主动参与绘画过程，了解图形结构特点，随后教师将叶子图形简化成三角形，引导学生联想前面的"有趣的正多边形"学习内容，为下一步教学做准备。

二、构建程序框图法

程序框图是作品的灵魂，目的是构思作品的脚本，它是一个帮助我们梳理程序结构的工具，从而能够更好地去理解程序以及结构，真实实现自己的想法与愿望。因此，在实现作品想法的过程中，关键是指导学生如何设计脚本。例如"旋转的正多边形"程序脚本设计教学环节。

师："画笔"要开始画图形了，在 Scratch 中，让程序开始运行，我们首先要做什么？

生：用"点击绿旗开始"指令。

师：是的，这条指令是我们设计任何程序都必需的，不能落下哦！现在，通过前面的学习（学生观看带箭头表示画笔画线方向），它已经画出了一个完整的"三角形"，现在需要画出绕一个点旋转的其他三个三角形，你怎么帮它实现？

生：调整箭头方向再画一次三角形！

师：请你来试一试，怎么画出第二个三角形？

（学生尝试搭建脚本，教师板书，建立部分三角形程序框图。）

师：如果要画出平均分布左右上下对称的图形，我们该如何调整它的旋转角度呢？请将后续的程序框图补充完整。

……

教学中，笔者始终引导学生将图形模型转化成流程形式表达出来，努力先让学生在大脑中建立一个从整体到局部，再到整理规划的制作思路，有了思路清晰的程序框图，脚本的搭建也就水到渠成。

三、再创作法

再（二度）创作时诠释作品的主角，目的是要作品的脚本设计得更优化。学生的创作过程应是一个"做中学"的过程，更是一个不断完善、反复调试、改进作品的过程。在这个学习的过程中，一是教师可以引导学生学习新的指令来达到角色需要的动画特效。二是不断在作品演绎的过程中，发现问题，调试脚本，实现最佳效果。例如编程中，学生发现这四个三角形的脚本指令是一样的，只是中间加了有"向右旋转_____度"指令。

针对这一问题，笔者引导学生讨论。

师：同学们根据程序框图搭建脚本的时候发现，在画笔进行旋转之后，剩下的脚本指令是一样的吗？对于这一情况，同学们有什么好的建议吗？

生：使用"重复执行_____次"指令。

师：好的，现在我们把重复 3 次修改成 12 次；结果发现确实画出来四个三角形，但是它们都重合到一起了。该怎么把他们分开呢？

生：画完一个三角形后，应该将画笔的方向进行旋转。

师：是的，那我们可以怎么修改脚本？

······

整个过程就是让学生在制作中不断学习，在调试中不断修改，以实现作品呈现最优效果，无形中，学生对程序的掌控不断加深，其编程能力也在不断成长。

四、交流分享法

"分享交流，只是为了更好地创新。"作品交流分享，学生不仅相互之间能取长补短，而且还可以发现问题，找出作品中的一些漏洞，进一步完善程序。同时，可以寻找更多延伸点，将学习带入一个新的"创作"阶段。例如，在作品评价交流中，有的学生大胆尝试修改了重复次数的参数，结果发现得到不同的旋转图形，三叶草、五叶草等，这引发其他学生的好奇。于是笔者抛出了"通过设置变量的方式，可以快速地设置不同的重复执行次数和旋转角度，看一看，你又能得出什么样的有趣图形"的问题，又引发学生的讨论，又一次"再创作"过程出来了。

任何复杂的程序都可以通过程序框图表达出来。只要学生掌握构建程序框图的方法，学习编程就不再是难事。

时代的发展，科技的进步，面向对象的 Scratch 图形化编程语言已经成为小学程序教学的主流语言。让他们在想象空间里触发创作灵感，用作品来表达和分享自己的兴趣、观念和生活。在编程中坚守程序框图学习法，就能使内容具象化、想象创作化、作品意境化。

"联想学习法",彰显学生艺术创造力

重庆市渝中区大坪小学　张建平

摘　要：当今的美术课较以往而言,更加强调创造开放式的课堂,让学生在轻松愉悦的氛围中,描绘出自己丰富的内心世界。如何才能让他们有内容可画,有思想可说呢？我总结了以下三点：一是观察；二是联想；三是重组。其中最重要的应属联想这一环节。爱因斯坦曾说过："想象力比知识更重要,因为知识是有限的,而想象力概括着世界的一切。"我们可以通过观察发现事物的外形特征,结合生活经验对其进行联想,打破原有的形态,将其"旧貌换新颜",最后再将他们重新组合成一幅完整的画作。

关键词：观察；联想；重组

以湘美版小学美术二年级上册第16课"小小手"为例,本课的教学重点：将压印的指纹添画组合成一幅简单的画。教学难点：大胆想象,表现出画面的趣味性故事。为了更好地达到重难点要求,"联想学习法"关联出以下几种学习方法。

一、单指印联想学习法

因教学对象为低段的二年级学生,所以教学难度应循序渐进,同学们对单个指印发生了联想,过程如下。

师：椭圆的形状让你联想到什么呢（见图1）？

图 1　单个指印

生：葡萄、面包、气球……

师：但是老师却有不一样的想法，你们能猜到老师联想到了什么吗？看，它是谁？

师：（讲思路）为什么老师想到一头肉肉的小猪呢？看，这椭圆的指印像不像小猪圆滚滚的大肚子？既然是小猪，只有肚子可不行，谁来说说还要画出哪些地方（见图2）？

图 2　联想到小猪

教师引出第一步后，学生的思路很容易就打开了，根据引导逐一完成余下步骤，在这一过程中，也逐步掌握联想后的添画方法。

二、联想添画学习法

师：接下来我们就来个小比赛，现在，就请你们在刚才印出的指印中任选一个进行添画，看谁画得又快又好看（见图3）。

1　　　　2　　　　3

图 3　学生印出的指印

实践是检验真理的唯一标准，在学习理论后，作为教师必须及时掌握学生的学习情况，因此我设计出尝试环节，让学生对自己之前印出的指印进行联想添画，以此来获取他们的学习情况。因为这是一个尝试环节，学生会特别兴奋，左看看，右看看，把纸转个圈看，看看这些指印究竟能让他们联想到什么，他们迫不及待地想把自己的想法呈现在画纸上，因此会出现很多有意思的作品，比如：地里的绿西瓜、衣服的纽扣、棒棒糖……

三、指印组合联想学习法

为了让画面更有趣味性，只有单个手印肯定略显单一，这时多个指印的联想自然进入教学计划，因此，抛出图片并提问：

师：同学们，这三个指印组合在一起，让你联想到了什么（见图4）？

图4　多个指印

多个指印较单个指印而言难度有所提高，有的学生可能一时不知道该如何操作，这时就体现了老师"解惑"的作用，所谓授人以鱼不如授人以渔，指印的排列千变万化，不可能一成不变，那多个指印应该如何联想？我总结出集零为整的方法：先把多个指印看成一个整体，看看这个整体让你联想到什么？根据联想到的事物再来判断缺少了哪些部分，最后用画笔添画完整。因此就有了下图（见图5）：

图5　联想到螃蟹

整体像螃蟹，少了蟹腿和一些纹理，黑线为添画部分；甚至还有的学生联想到米老鼠，黄色部分是脸，红色部分是耳朵，只需添画眼睛鼻子和嘴；还有的觉得像一朵花，黄色部分是花蕊，红色部分是花瓣，只需添画剩下的花瓣就好了……

又比如这一组指印（见图6），学生能想到毛毛虫、小轿车、云朵……

图6　多个指印

学生的创意是无限的，只要给足他们空间，他们就会呈现一个又一个的惊喜。

四、多元添画联想学习法

一幅完整的画就像一个家庭，除了家人还有许多元素，因此，作为教师还要教会学生如何将各色指印组合起来。

师：学生们，你们的新奇想法还吸引来了一群小动物，看看他们是谁？它们的姿态各不相同，你最喜欢哪一只，为什么（见图7）？

"联想学习法",彰显学生艺术创造力

图7 联想到小动物

这些问题的目的就是引导学生发现不同方向,不同装饰,不同造型甚至是不同的颜色都能给我带来不一样的感觉。比如有的学生会喜欢最上排蓝色那只小鸟,因为头上的羽毛像皇冠,让它看起来像个漂亮的公主,或者最下面两只黄色小鸟,右边的像是翘着尾巴在给左边的唱歌,可能唱得太好听或者唱走调了,把左边那只都逗笑了……

在学习了如何组合画面后,我们就可以留时间给学生来描述。其实,在我们身边,每天都会发生不同的故事。如果让你们来创作,你又想通过指纹添画的方式给大家展现一个怎样的画面呢?这一问题没有固定范围,给足学生空间,大可侃侃而谈,但是不能一谈而过,还要解决如何落实在画面上的问题。比如有学生会说:"我要当飞行员,我要在云里面飞。"这时我们就需要追问:"那你要怎么用指印来印出飞机的样子呢?"如果学生思路不清晰,我们可以引导,用手指横着印出五六个手印作为机身,再斜着印几个作为机翼,最后我们用笔画出窗户就完成了;如果觉得画面比较空,我们还可以印出几朵云,彩色的也行,就好比我们五彩斑斓的梦一般。还有的学生想要建造汽车工厂,有了飞机的铺垫,他自己就能说:"我要先画几条线,分成三层,第一层是做零件,第二层是组装,第三层就是一个完整的车了。"期间他还会说:车怎么印,工人们怎么印……有了这两个同学的示范,大部分学生都有了想法和思路。再请一两个学生描述一下,就能起到巩固的效果,之后的时间就可以留给学生自行创作了,老师再巡视一下,还有问题的学生,就可以单独指导。

学生的世界就像浩瀚的宇宙,有许多我们未曾发现的地方,我们不需要用标准答案去限制,唯一要做的,就是尽可能地提供机会和空间,引导他们去想象、去发现、去联想。指印添画,画出智慧、画出彩虹、画出人生追逐的中国梦!

快乐学习法，绿茵场中显风华

重庆市渝中区大坪小学　张维娜

摘　要：本文主要介绍如何在体育教学中让学生快乐学习，快乐学习就是在课程设计中，创造情景式的运动项目，并给每个运动项目冠名，使学生在体验上课乐趣的同时，又可以学到相关的知识，快乐学习，轻松学习，从而提高小学生体育课的学习效率，真正达到体育课堂中既有趣味也有玩味，在趣与玩中发展其心智，锻炼其体魄！

关键词：小学体育；快乐学习；创设情景

小学体育作为学校里的一个特殊学科，肩负着提高学生身体素质，促进青少年儿童身心健康的重任。那么，提高小学生体育课的学习效率就成了如今体育课的目标。体育教学中学生具有很强的好奇心和模仿力，情景创设满足学生的好奇心，而把体育项目设计成贴近学生易学好模仿的各种动作，既可以激发学生的学习热情，又能提高学习效率。这种快乐学习的方式正普遍应用于小学体育课堂。在体育课情景创设中，不仅发展学生智慧，而且增强学生身体锻炼的意志。"快乐学习法"可分解为以下几种方法。

一、设计情景学习法

教师将课堂上的所有同学分成几个小组来进行课堂互动。根据本节课的教学目标进行相关任务的分配，小组之间进行竞争。如二年级体操前滚翻教学案例中的导入：开课时，告诉学生今天我们每位学生都是一只熊猫宝宝。熊猫宝宝饿了想吃前面垫子上的竹子，但是熊猫宝宝还不会爬，只能靠滚动的方式去吃到竹子。现在我们四个熊猫宝宝为一组，自己进行小组讨论，尝试看哪组宝宝最先吃完竹子。他们很快就融入这个情景中，开始"玩"起来。有的学生互相讨论采用什么样的滚动方式才能吃到垫子上的竹子，有的学生开始自己尝试在垫上进行各种滚动，当然在此过程中有成功的也有没成功的学生。在"玩"的过程中，成功的学生开始收获到成功给他们带来的信心与快乐，他们会自己充当小老师的角色自觉地给同组小伙伴分享自己成功的经验，并且帮助他们完成任务。没有成功的学生会反思自己的问题，他们会观察同组成功学生的技术动作来改进自己的设计思路。在改进的过程中，不断总结经验教训，不断超越自己，设计出有创意的"抱脚团身"的滚动动作，并吃到了垫子上的竹子。

二、小组闯关学习法

根据小学生具有好奇心和模仿力这一特点，师生共同设计一些小组闯关的学习任务。如二年级障碍跑一课中，学生自己利用场中器材设计本组的障碍，每组在最短时间内成功通过障碍的小组即完成闯关任务。在闯关期间，学生学习兴趣高涨，他们自由发挥想象力，小组内同学互相帮助合作完成小组闯关任务。当学生完成简单的小组闯关任务之后，教师可以在闯关任务上加上一定的难度，以此来调动和巩固同学之间的竞争、团结意识。如二年级障碍跑一课中，学生利用场中器材为其他小组设计障碍跑的难度，每组可以有3分钟的尝试练习，比赛中以最短的时间内成功通过其他组设计的障碍为完成闯关任务。在尝试小组闯关任务中，有些组可能会闯关失败，但在此期间，他们会互相帮助，一遍遍积累经验，希望自己在正式比赛中完成小组的闯关任务，为小组争夺荣誉。在此期间同学们互帮互助，不仅增进了同学间的友谊，还培养了学生的竞争意识。"闯关学习法"不仅以项目闯关为基础，并通过实际的运动来进行实践，让整个体育课堂充满欢声笑语，而且也创造了轻松快乐的学习氛围，提高了体育项目的学习质量。

三、讨论释疑学习法

在体育课堂的快乐学习中，项目学习与愉悦心情完美结合，就成了学生"走心"的课堂。在课堂中学生作为主体，教师适当地引导，让学生自己发现问题，并能通过讨论、总结和交流方式一起解决问题。如二年级"轻物掷远"课中，学生在完成轻物掷远这个动作后，教师让学生讨论自己在刚才学习中的得失。在此期间，教师可以多鼓励同学大胆说出自己对技术动作的疑问，同学之间相互讨论一起寻求解决的方法。同时，成功的同学可以分享自己成功的方法和经验，同学之间相互研究和讨论，在这个轻松愉悦的课堂氛围中，学生通过自主的"学"，不仅归纳总结了自己在学习中的不足，同时获得了别人成功的经验，取长补短帮助自己更好地成长，最终取得成功。

总之，快乐学习法是小学体育课堂广泛应用的一种学习方式，它既能学习体育知识与技能，又能使运动项目有趣味，有玩味，在趣与玩中发展学生心智，锻炼学生体魄，又见青春少年英姿飒，绿茵场中显风华！

小学体育核心素养之自主多维学习方法

重庆市渝中区大坪小学　石　岩

摘　要：本文论述了体育课的学法指导，总结学生进行学习的方法，提出学生学习的指导思想，对体育课学法进行探索与研究，可以逐步帮助小学生养成自主学习体育的习惯。自主学法是指体育课堂中在教师的主导下学生自主运用站、看、听、想、练和记来达成学习目标的学习方法。同时，它是小学生体育学习的核心素养，也是小学生养成良好体育习惯的核心指标。

关键词：小学体育；核心素养；多维学法

体育课的学法指导就是为了使学生会学、善学、乐学、好学，指导学生掌握科学的学习方法，培养学生体育学习的能力，突出学生的主体性，最终达到掌握知识、运用知识、具备一定创新能力的目的。

一、理解体育课常规学习法

学生自主体育是我们广大体育教师的追求。首先，教师应该帮助学生们建构自主体育学习方法的概念，鼓励学生内化自主学习方法，为学生实现自主体育和终身体育奠定学习方法论基础。尤其在一年级和中段学生开学时就要向学生灌输自主体育和自主学习方法的概念，帮助学生建构自主方法的重要意识，通常讲解自主学习方法的含义时，帮助学生概括自主法，去抽象为直观，将其形成口诀和手操，如"六把金钥匙"："一站（或坐）、二看、三听、四想、五做、六记。"以"立正站、千里眼、顺风耳、脑筋转、动作棒以及记记牢"的形象动作编成手操。体育课堂中教师帮助学生不断强化"六把金钥匙",鼓励学生边喊口诀边做手操,强化自主学习方法,教师引导学生自动将"六把金钥匙"用在行动上,用到学习中去。

二、体育组长课堂管理学习法

现代体育课堂应重视组建良好的教学常规,实现制度、文化管理课堂。多年的教学经验证明,小组长的选拔常规对有效教学具有重要的作用,尤其是一套为真、为善、为美的小组长选拔常规对学生自主体育意识和能力的发展有积极的作用。以下列四个条件选拔小组长。条件一:上一节课表现好;条件二:服装适合运动;条件三:一站、二看、三听、四想、五练、六记"六把金钥匙"用在行动上;条件四:乐于助人。四个条件涵盖课前、课中学生的学习表现,从时间、空间上解决学生学习的连续性,帮助学生建构大教学观;有效集中学生学习的注意力,帮助学生尽快进入学习状态;更重要的是让学生明确自主学习方法的重要性。高段选拔小组长需要具备多个条件。由体育委员根据学生学习情况每课每小组选出一名或两名小组长,帮助小组同学自主达成知识、技术与技能以及情感与价值观的学习目标。教师肯定优秀小组长的表现,及时表扬"六把金钥匙"开启自主学习之门的小组。教师重视学生、小组长、体育委员、体育教师四级课堂管理体系,特别提出学生自主管理的重要性和有效性。例如,在教授二年级"障碍跑与游戏"课的时候,开课时各组小组长展开各组的创编操热身,充分调动了学生的学习积极性,而课中的主要学习内容先由教师固定障碍学习,再由小组长带领大家自主创造新的障碍,然后再去练习感受从而达到教学目标。小组长带领组员合理的运用"六把金钥匙"完成本堂课的教学任务,从而达到自主学习的目的。坚持自主学习法为选拔小组长的核心条件,小组长每课选、每课换、年年做,学生潜移默化地将自主学习六法记在心里，用到学习中去，长此以往，可以有效实现"培优转差"的目标，也可以帮助强化学生的自主体育意识和能力。

三、熟记"口诀"学习法

在课堂的基本部分，教师强化自主学习，帮助学生掌握重点和难点。尤其是课中学生出现态度不端正、组织纪律涣散以及疲劳等消极状态时，要强化自主学习的重要性，这也是小学生的身心特点决定的。小学生神经易兴奋，易疲劳，有时又吵又闹，教学中教师应提醒体育小组长有序有理地组织小组学生自主学习。提醒学生"六把金钥匙"要记牢。学生边说口诀"一站、二看、三听、四想、五练、六记"边手操，这样可以有效地提升学生学习的状态，学生可以在良好的学习环境中，以良好的身体姿势，看得清楚、听得明白、思考到位，自然解决学习问题。长此以往，学生不仅掌握了自主学习方法，同时也养成了自主学习的良好习惯。

四、小结评价互助交流学习法

课中、课后各个学习训练环节，要充分让学生小结、自评互评、评价交流。总结评价时要围绕三维教学目标的评价，并及时表扬自主体育的学生或小组。教学中教师对学生自主提出的问题要足够重视，千方百计地培养学生的核心素养。教学中，教师要坚持学生全学段、跨项目、重常态地落实体育自主学习"六法"。特别是在常态课中实实在在地贯彻自主体育理念，小学阶段要注重学生自主体育目标和自主学习方法的意识和能力的培养。教师要多鼓励、表扬自主性较好的学生、小组以及班级。我们应该理性对待小学生的自主多维的学习方法，纠正以往碎片化的自主学习方法。

总之，通过常态课学生自主运用站、看、听、想、练和记"六要素"自主多维学习方法，可以达成学习目标，强化自主学习的兴趣与能力，学生就能达到"学在今天，想在明天"的目标！

参考文献：

[1] 南国农，李运林. 教育传播学 [M]. 北京：高等教育出版社，1995.

[2] 何克抗. 教学系统设计 [M]. 北京：北京师范大学出版社，2002.

[3] 张昕. 新课程教学设计 [M]. 北京：北京理工大学出版社，2004.

小学音乐低段欣赏课学习法

重庆市渝中区大坪小学　熊浩辰

摘　要：音乐的本质是以情感人的教育，每首乐曲总是带有浓厚感情色彩的。因此在学生感受乐曲美的旋律及歌词时，通过人体的活动，让学生在亲自参加创作动作、语言的表演、演奏等大量活动中，直接去感受、体会音乐美。

关键字：音乐美；律动；创编

美育的本质是以情感人的教育，一切审美活动总是带有浓厚的感情色彩。它以美的事物、美的形象激发人们的审美情感。从美育的另一个目的来研究，学生们在美的浸润中，教师还需要教给学生如何感知美、理解美，或者进一步有欲望地来表现美、创造美的知识和方法。因此在学生感受美的过程中，教师就要随时把这些知识和方法渗透进去。教师在教学中，应该让学生亲自参加创作动作、语言表演、演奏等大量活动，直接去感受、体会音乐。

整个小学阶段的欣赏要求侧重于感官和感情的欣赏，基本上属于对音乐的感性认识。怎样去提高学生的感受能力？在欣赏课中运用选择的方法是可取的。比如音乐《跳圆舞曲的小猫》（管弦乐），为了帮助学生捉住"猫"的音乐形象，欣赏时，事先在黑板上画上几种叫声对比明显的动物，如"狗""猫""鸡"，让学生从音响中去选择。另外还可以应用"字词选择"的方法，引导学生在一定范围内展开想象，这样既可较好地使学生通过自己的体会与感受，选择准确的词表达乐曲的情感，又可降低教学难度，调动学生学习兴趣。比如"情绪"选择词（把字词写成卡片）："活泼""抒情""欢快""优美""紧张""激烈"等，在欣赏音乐时，学生可以恰当选择上述字词来表达音乐的情感，抒发自己的感受。低年级音乐教学中会运用到以下这些学法。

一、悬念式方法

小学生求知欲强，往往表现在对事物有好奇心上。根据这一心理特点，在欣赏中用悬念形成欣赏的动力，也就是先给学生一个"谜"，让他们产生多种猜想，并急于想以听音乐来证实自己的想法。如：欣赏音乐《羊肠小道》（《大峡谷组曲》之三），先在黑板上画一条弯弯曲曲的线，这莫名其妙的线立即会引起学生的注意，他们脑海中会出现各种猜想，是"蛇"还是"小河"？因而就吸引了学生的注意力，他们迫切希望知道这到底是什么，这样学生的心理活动就指向了欣赏的对象。

二、进入角色的方法

低年级学生活泼好动，注意力不易集中，但自我表现意识却很强，特别乐意表现自己。教师要抓住这个特点，在学生欣赏时让音乐刺激听觉，产生印象，就会使他们很自然地进入角色。比如欣赏《龟兔赛跑》时，随着音乐的节奏，旋律的起伏，学生会做乌龟爬、兔子跳的动作，用人体本身发自内心的感受、做出的动作来表达自己的情感。但学生进入角色前，教师应向学生介绍动物的个性特点，来帮助学生准确地把握角色。

三、直观形象的方法

音乐作品中所表达的内容与情绪，只有在欣赏过程中才能感受到。由于学生知识面窄，不易理解作品的内涵，特别是低年级学生，他们的思维带有形象性的特点。根据这个特点，欣赏时运用直观教具、挂图，通过视觉形象的联想，可以促进学生对作品的理解与感受。比如音乐《可爱的动物》中，当狮、猫、马、蜂等音乐形象与动物形象同时出现时，就把听觉与视觉结合起来，促进学生音乐思维的形象化，有助于提升其音乐感受力。

四、听与画相结合的方法

音乐能否表现物体的色彩？这是音乐欣赏心理学上一个饶有兴趣的问题。首先肯定的是，音乐形象能引起欣赏者对某种色彩的联想，比如欣赏《四季的歌》器乐演奏，当"冰场上"的音乐出现时，那欢快、优美的圆舞曲，描绘了青少年在清澈的冰上世界尽情地驰骋。学生头脑中就会出现一片银白色的色彩，有的学生能把已经感受到的色彩用画笔、线条勾画出来。如他们用绿色代表大地苏醒、万物生长的春天，用红色表示炎热的夏天，用金黄色把果实累累的秋天展现在眼前等。这些五彩缤纷的画面，使音乐与色彩相映成趣，融图画与音乐为一体。

五、启发联想与想象的方法

欣赏是一种与听觉、感知和联想、想象相结合的特殊的认识过程。"联想"是一种心理现象，它发生在两种不同但又有相似因素的事物之间。音乐是听觉的艺术，听音乐时，往往会使我们联想到听觉以外的事物，这就是联想的结果。而想象是创造性的心理活动，它与联想是密切联系在一起的，他们是培养学生创造性思维的基础。在欣赏教学中要充分发挥学生的主动性，启发他们对音乐丰富的想象力，引导他们能准确地体验音乐情感。由于作品的音乐表现手法不同，欣赏过程中的联想与想象活动也以不同的形式表现，大体上可以分为以下三种类型：

（1）由描绘性（造型性）音乐所引起的联想。如教材中《百鸟朝凤》《可爱的动物》等。当然，描绘性音乐作品不是单纯用模拟手法来写景，而往往是情景交融。

（2）由情节性音乐所引起的联想。由于音乐与文学的联系，有些音乐带有一定的情节，如《龟兔赛跑》《彼得与狼》等。对这类音乐的欣赏，应以文学、戏剧的题材内容以及乐曲的标题及文字说明为根据。学生在欣赏过程中的联想和想象就成为连接音乐与情节内容的纽带。

（3）由音响感知与感情体验所引起的自由想象。有些音乐反映现实所采取的主要手段不是描绘性的，也不是情节性的，而是抒情性的。作者以音乐来表达自己对现实生活的主观感受，抒发感情，学生则凭借音响的感知来展开音乐的想象活动，并体验作品所表现的感情。

音乐主题欣赏法，感悟节奏速度旋律走向

重庆市渝中区大坪小学　陈柚攸

摘　要：本文探讨了小学音乐欣赏课教学中的相关教学方式和学生的学习方法。在音乐欣赏的过程中，学生能体会音乐所包含的情感性和专业性，也能引导学生去探究音乐中包含的丰富情绪。因此，音乐欣赏课具备了很大程度的自由性和整合性。

关键词：音乐欣赏；旋律走向；学习方法

一、倾听音乐学习法

音乐欣赏课中教授学生的音乐知识是让学生具备在课后欣赏任何一首作品时能够准确且高层次地去分析作品的能力，在每堂欣赏课后都能够了解到一个新的音乐知识点。在欣赏《糖果仙人舞曲》时，通过故事情节带动整首作品的情感走向，使学生了解到乐曲的情感发展走向其实是根据故事情节的发展来进行的，在今后欣赏到任何一首类似作品时，学生能够主动去了解音乐背后的故事以及创作者的创作灵感。

二、选段赏析学习法

以欣赏《糖果仙人舞曲》课例分析为例。本课开课时以请学生看《胡桃夹子》芭蕾舞选段导入，而这段选段的配乐正是本课要学习的乐曲。"同学们，今天老师要为你们介绍一位新朋友，她就是糖果仙子，你们看，她来了！"简短明了的开课语能够迅速地把学

生的注意力集中到视频上，抓住了学生对于视频欣赏的兴趣。"刚才我们欣赏到的这首管弦乐作品，名字叫作……（引导学生说），在刚刚的画面中，我们已经了解到了它的创作背景，那么除了这些，你们还想了解些什么呢？"

在欣赏完导入视频以及听完整首乐曲过后，直接设问学生对于整首乐曲的知识需求，既是了解学生对于音乐欣赏的素养阶段，也是掌握学生对于课堂知识的兴趣着力点。在学生回答时教师进行适时的专业术语引导，之后进行归纳总结："刚刚我们所说的力度、速度、演奏乐器这些都统称为音乐要素，而音乐要素是影响音乐故事发展的关键，现在让我们一起踏入这神秘的糖果王国，开始一段音乐之旅。"最后将所有回答回归到音乐本身。

三、主动探究学习法

在音乐欣赏课中，主要就是教授学生对于音乐的探究性，这种探究性不能只是盲目地去听一首乐曲，了解一首乐曲的名称和知道它的演奏乐器，而是要还原到体会音乐的"情"与"感"，因为在一首乐曲中无论它运用了什么样的创作手法与乐器都是为了去体现整首作品的情感，创作者在创作时的情感，时代赋予它的情感以及我们在倾听的时候感官所带给我们的情感。"情"是学生在听到这首作品时对作品所产生的粗浅的或者说不那么深刻的初步的印象，而"感"是指学生在深入了解作品的情况下自发而形成的内在体会。那么学生在这之中就需要运用自己的音乐知识先理性地去倾听，然后再深入了解整首乐曲是怎样创作产生的，调动自己的"情"与"感"去升华自己的音乐体会。

"清脆明亮的钢片琴演奏的旋律，代表着美丽善良的糖果仙子，而低沉浑厚的低音单簧管旋律带给了我们恐怖的感受，这又让你联想到了什么？"

通过乐器的音色来引导学生对于音乐形象的思考，这样不仅能够加强学生对于乐曲的探究兴趣，还能使学生对于乐器音色的了解

"简单"化，以音乐—音乐形象—故事发展这样的课堂连接让学生最大限度去自主发挥自己对于整首作品的理解与了解乐曲的知识走向，使自主探究这一目的能够更好地实施。

四、师生互动学习法

学生对于与教师合作完成某一目标的活动其实有很大的兴趣，在音乐欣赏课上需要很多环节来协作达到完成教学目标的目的。

比如在欣赏《糖果仙人舞曲》时，涉及画旋律线的部分，需要师生一起完成，以及在讲到节奏重音这一知识点时，更是让学生自己创造重音动作来一起完成，达到了解掌握这一音乐知识的目的，在本课进行到最后的时候，需要学生与教师一起扮演乐器，在每种乐器发出声音时，做出相应的动作来达到对于整首作品的乐器演奏结构的掌握，因此学生在音乐欣赏课中能从和教师的互动中亲身体会音乐所赋予的情感，真可谓：聆听舞曲，音韵灵动！

音乐主题欣赏法，感悟节奏速度旋律走向

附表　小学音乐欣赏课程的评价量表

一级指标	二级指标	三级指标	优	良好	合格	分数
教学设计与实施 40分	感知与体验	（1）保持良好的聆听习惯，充分、完整地聆听感受音乐	10	8	6	
		（2）聆听方式灵活多样，激发聆听注意				
	理解与探究	（1）听觉感知、视觉感知相结合，记忆音乐主题旋律，感知音乐作品的段落结构	20	16	12	
		（2）以听觉感受为基础，分析理解音乐要素对音乐的表现作用，理解作品所表达的音乐情感				
		（3）正确理解需要认知的音乐知识、音乐常识				
		（4）分析作品的文化背景，理解主要音乐风格特点				
		（5）逐步积累聆听经验，学习欣赏音乐的方法				
	创造与表现	（1）乐于独立或与他人合作，主动积极地采用多种方式创造性地表现音乐	10	8	6	
		（2）表现内容、形式与音乐内涵密切相关				
		（3）具有一定的表现能力，能够充分地表达内心音乐体验，具有美感				

249

续表

一级指标	二级指标	三级指标	优	良好	合格	分数
课堂文化 10分	学习情境	(1) 积极表达个人观点，提出建设性意见来解决学习过程中的问题，创造性思维能力有所表现	5	4	3	
		(2) 尊重他人意见，形成合作、交流、共享的学习氛围				
	师生关系	(1) 突出学生学习主体地位，形成师生互动，体现师生合作关系	5	4	3	
		(2) 关注差异，面向全体学生，欣赏、鼓励学生的学习				
教学内容 30分	适度性	(1) 教学内容符合学生心理认知水平	10	8	6	
		(2) 教学内容符合教学年段知识认知、技能目标要求				
	准确性	(1) 教学中选用的音像资料与教学内容相符，规范、准确	15	12	9	
		(2) 教师教学语言规范、准确，能够运用音乐的语言规范建构学生探究的结果				
		(3) 教师对教材的解读规范、准确				
		(4) 教师课堂教学示范规范、准确				
		(5) 教师对学生的学习评价具有音乐性、准确、规范				
	外延性	(1) 教学内容与相关文化进行联系	5	4	3	
		(2) 教学内容与学生的已有知识和生活知识相联系				

音乐主题欣赏法，感悟节奏速度旋律走向

续表

一级指标	二级指标	三级指标	优	良好	合格	分数
教学效果 20分	教的效果	（1）教学方法灵活多样，充分调动学生的学习兴趣	10	8	6	
		（2）教学流程具有层次性，能够达成不断递进的认知效果				
		（3）重视音乐文化价值的体现，为学生终生学习提供良好基础				
	学的效果	（1）通过学习，知识、技能水平得到有效提高，能够将知识、技能运用或推广到新情境中	10	8	6	
		（2）保持较高的学习积极性和学习效率				
		（3）通过学习对音乐产生兴趣，树立正确的音乐学习态度				